KORSIKA

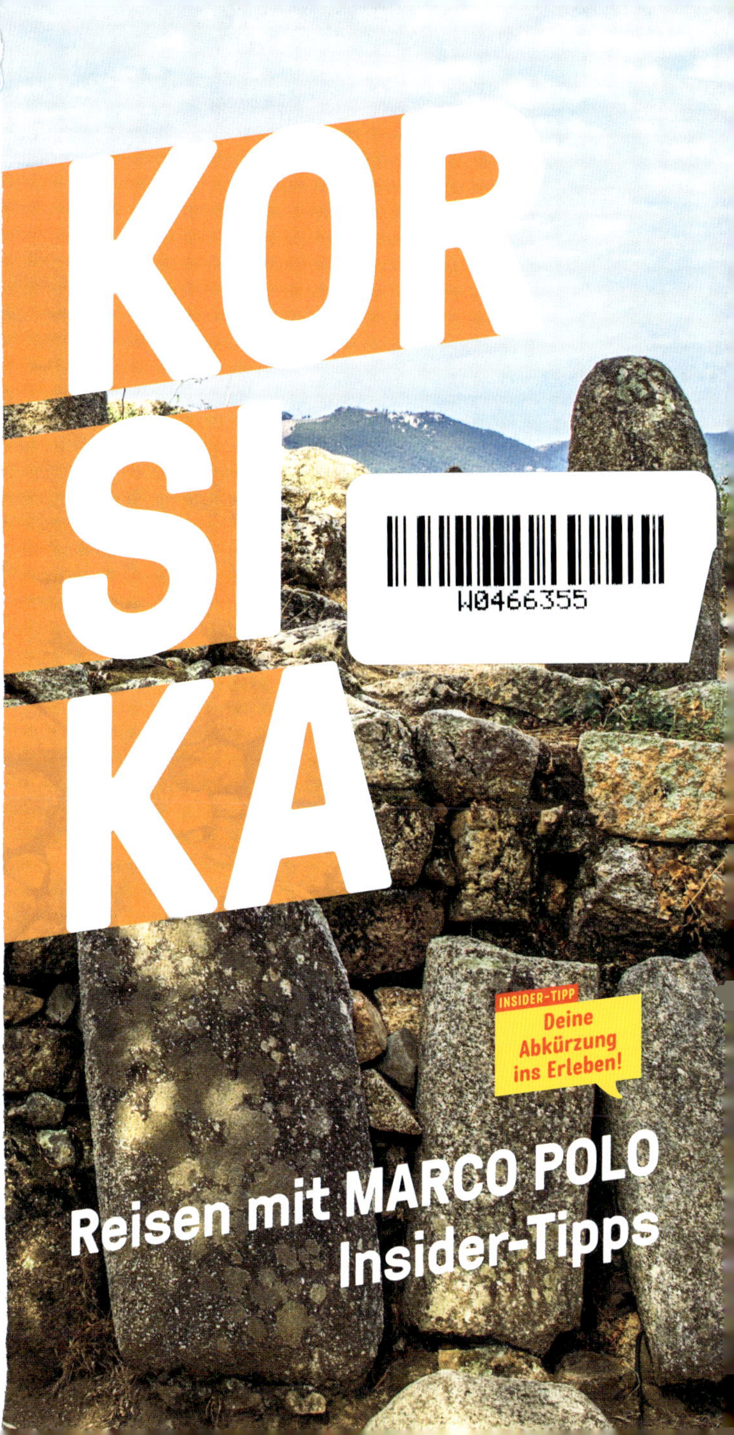

Reisen mit MARCO POLO Insider-Tipps

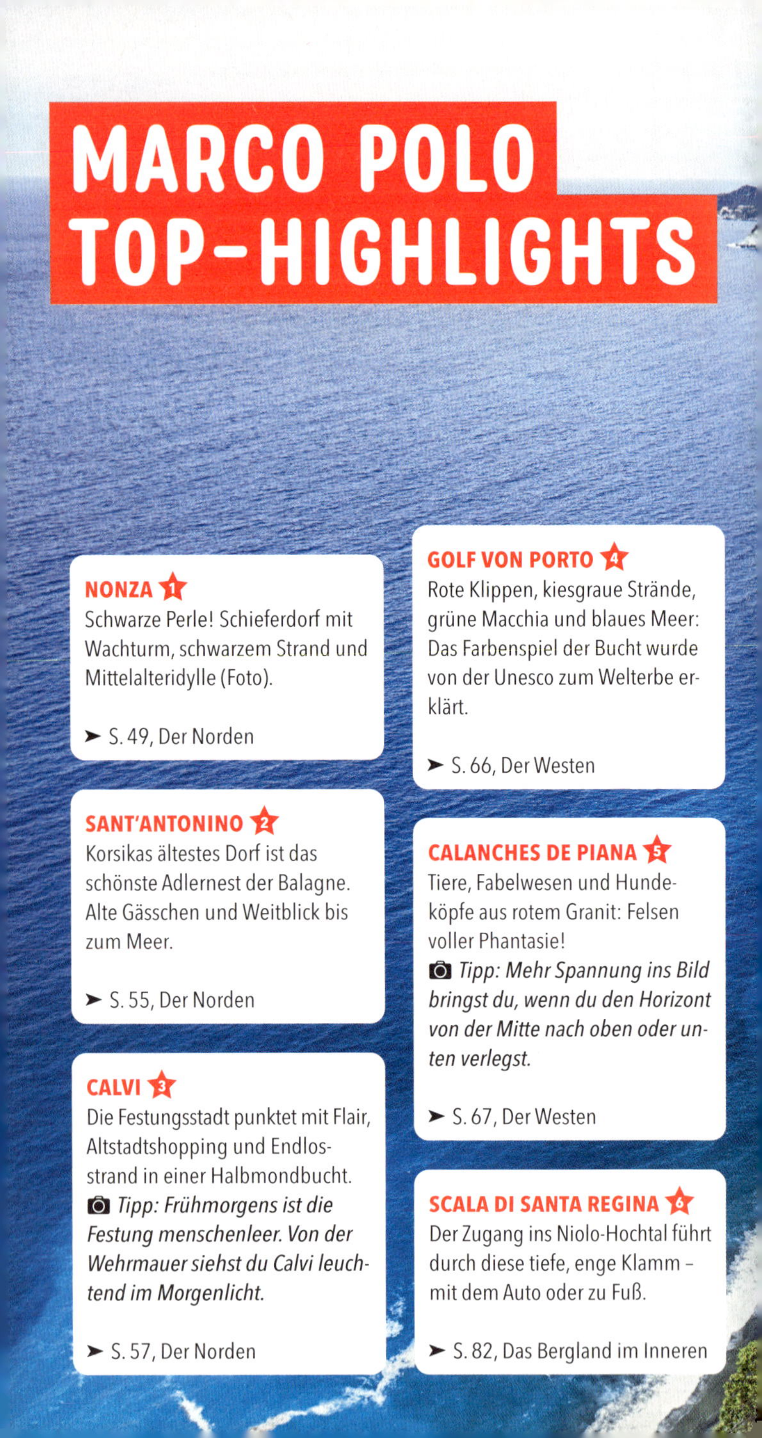

MARCO POLO TOP-HIGHLIGHTS

NONZA ★1
Schwarze Perle! Schieferdorf mit Wachturm, schwarzem Strand und Mittelalteridylle (Foto).

➤ S. 49, Der Norden

SANT'ANTONINO ★2
Korsikas ältestes Dorf ist das schönste Adlernest der Balagne. Alte Gässchen und Weitblick bis zum Meer.

➤ S. 55, Der Norden

CALVI ★3
Die Festungsstadt punktet mit Flair, Altstadtshopping und Endlosstrand in einer Halbmondbucht.

📷 *Tipp: Frühmorgens ist die Festung menschenleer. Von der Wehrmauer siehst du Calvi leuchtend im Morgenlicht.*

➤ S. 57, Der Norden

GOLF VON PORTO ★4
Rote Klippen, kiesgraue Strände, grüne Macchia und blaues Meer: Das Farbenspiel der Bucht wurde von der Unesco zum Welterbe erklärt.

➤ S. 66, Der Westen

CALANCHES DE PIANA ★5
Tiere, Fabelwesen und Hundeköpfe aus rotem Granit: Felsen voller Phantasie!

📷 *Tipp: Mehr Spannung ins Bild bringst du, wenn du den Horizont von der Mitte nach oben oder unten verlegst.*

➤ S. 67, Der Westen

SCALA DI SANTA REGINA ★6
Der Zugang ins Niolo-Hochtal führt durch diese tiefe, enge Klamm – mit dem Auto oder zu Fuß.

➤ S. 82, Das Bergland im Inneren

LAC DE NINO 7

Bergspitzen spiegeln sich im legendären See, Wildpferde grasen auf Sumpfwiesen: Schöner hast du selten gepicknickt.

➤ S. 83, Das Bergland im Inneren

COL DE BAVELLA 8

Korsikas Dolomiten sind ein Paradies zum Wandern, Kraxeln und Canyoning. Los gehts auf der Passhöhe.

Tipp: Bergwiesen geben eine tolle Kulisse. Leg dich ins Gras und lass Blüten vor der Linse schaukeln.

➤ S. 112, Der Süden

BONIFACIO 9

Die fotogenste Stadt Korsikas liegt spektakulär hoch oben auf den Kalkklippen.

Tipp: Die allgegenwärtigen Möwen vor den Kalkklippen bekommst du in der besten Perspektive auf der Bastion vor der Treppe Escalier du Roi d'Aragon vor die Linse.

➤ S. 120, Der Süden

CAPU DI ROCCAPINA 10

Felslöwe und Genueserturm bewachen den Traumstrand an der malerischen Landspitze – auch die Aussicht ist grandios!

Tipp: Komm nachmittags – da lässt die Sonne die Felsen in tiefem Rot leuchten.

➤ S. 125, Der Süden

INHALT

DER NORDEN
DER OSTEN
DAS BERG-LAND IM INNEREN
DER WESTEN
DER SÜDEN

Besuch planen
€-€€€ Preiskategorien
(*) Kostenpflichtige Telefonnummer
Essen/Trinken
Shoppen
Ausgehen
Top-Strände

(A2) Herausnehmbare Faltkarte
(0) Außerhalb des Faltkartenausschnitts

BESSER PLANEN MEHR ERLEBEN!

Digitale Extras
go.marcopolo.de/app/ksk

DAS BESTE ZUERST

Am Capu Rossu erwarten dich gigantische Aussichten über den Golf von Porto

BEST OF

BEI REGEN

SCHÖN, AUCH WENN ES REGNET

PAUSE BEIM WEIN

Patrimonio ist einer der bekanntesten Weinorte. In den *Weinkellern und Verkaufsräumen* (Foto) kannst du Weine aus Trauben kosten, die auf Korsika wunderbar gedeihen: Sciaccarellu, Niellucciu und Vermentinu.

➤ S. 50, Der Norden

ZU HAUSE BEI NAPOLEON

Napoleon Bonaparte wird dir (fast) auf Schritt und Tritt begegnen. In Ajaccio, seiner Geburtsstadt, erfährst du in der *Maison Bonaparte,* seinem Elternhaus, wie er auf der Treppe geboren wurde – und später eines Nachts Hals über Kopf flüchten musste.

➤ S. 70, Der Westen

EIN HAUCH VON MONTE CARLO

Edel: In der einzigen Spielbank der Insel hat das Glücksspiel noch Glamour. Im *Casino* von Ajaccio sorgt auch die dazugehörige Pianobar für Unterhaltung, solange es regnet – zumindest bis die Reisekasse verspielt ist.

➤ S. 73, Der Westen

ZEITREISE IN DER ZITADELLE

Dort, wo sich Mitte des 15. Jhs. der Statthalter Genuas im sonnengelben Palais verschanzt hat, blättert heute das *Musée de Bastia* die Stadtgeschichte auf.

➤ S. 43, Der Norden

DURCHS BERGLAND RATTERN

Seit 1888 fährt die Schmalspurbahn *Micheline* durch die engen Schluchten und tiefen Täler des korsischen Berglands. Jede Menge Tunnel und Brücken mussten dafür gebaut werden. Die schönsten befinden sich zwischen Corte und Vizzavona. Einsteigen zum Schienenabenteuer! Vor allem bei Reisen mit Kindern ist eine Bahnfahrt eine willkommene Abwechslung bei schlechtem Wetter.

➤ S. 88, Das Bergland im Inneren

BEST OF

LOW-BUDGET

FÜR DEN KLEINEN GELDBEUTEL

ATELIERBESUCHE

Pigna in der Balagne ist das Künstlerdorf Korsikas. In vielen Häusern haben sich Kunsthandwerker niedergelassen, denen du bei ihrer Arbeit über die Schulter schauen kannst. Alle Atelierbesuche sind gratis, die Kunstwerke haben faire Preise.

➤ S. 55, Der Norden

FRISCHWASSER

Das Quellwasser, das in vielen Dorfbrunnen sprudelt, ist allerfeinstes Trinkwasser, sauber und voller Mineralien und Spurenelemente. Die Einheimischen füllen es in Kanister ab. Mach es ihnen nach und zapf dir deinen Powerdrink – zum Beispiel am Brunnen in *Ste-Lucie-de-Tallano.*

➤ S. 113, Der Süden

MUSIKGENUSS

Am 21. Juni feiert Frankreich die Fête de la Musique. Auch Korsika macht mit kostenlosen Freiluftkonzerten mit. Gratis sind oft auch die zahllosen Sommerkonzerte auf den Plätzen der Städte oder die *Klosterkonzerte im Couvent d'Alesani.*

➤ S. 99, Der Osten

ZUM WOHL!

Wie Korsikas berühmtes Kastanienbier entsteht, verrät die *Brasserie Pietra* im Juli und August bei kostenlosen Führungen, die mit einer Bierprobe an der Hausbar enden. Prost oder wie die Korsen sagen: *pace e salute!*

➤ S. 46, Der Norden

DUFTE KRÄUTER

Rosmarin, Thymian (Foto), Oregano, Lorbeer und andere Kräuter geben der korsischen Küche ihre einzigartigen Aromen. Überall in der Macchia kannst du sie sammeln. Getrocknet sind sie ein schönes Mitbringsel. Die Macchia in deinem Garten lässt du mit Samen der *Casa Fiurita* wachsen.

➤ S. 54, Der Norden

BEST OF MIT KINDERN

SPANNENDES FÜR GROSS & KLEIN

UNTER SCHILDKRÖTEN

Von Babyschildkröten bis zur Riesenechse zieht die wissenschaftlich geführte Schildkrötenfarm *A Cupulatta* zwischen Ajaccio und Bocognano Dutzende Arten aus der ganzen Welt auf und erforscht sie. Großes Vergnügen: zugucken, wie die Tiere geschrubbt und gefüttert werden!

➤ S. 74, Der Westen

BONJOUR, ZACKENBARSCH!

Von Bonifacio aus schippern *Glasbodenboote zu den Îles Lavezzi,* einer unbewohnten Inselgruppe im Meerespark zwischen Sardinien und Korsika. Bereits beim Schnorcheln im türkisblauen Mittelmeer kommen dir dicklippige Zackenbarsche und kunterbunte Minis vor die Brille.

➤ S. 125, Der Süden

HALLO TARZAN!

Lust, in luftiger Höhe durch einen Wald zu balancieren oder an Seilen durch die Lüfte zu gleiten? Der Kletterpark *Accrobranche de Vero* sorgt für Nervenkitzel – im Hochsommer sogar abends im Mondschein.

➤ S. 33, Sport

STEHPADDELN

Beim Stand-up-Paddeln lernen schon Kinder Körperbeherrschung und trainieren den Gleichgewichtssinn. Und Spaß macht das Ganzkörpertraining auch! Besonders kinderfreundlich sind die Buchten Santa Giulia, Porto-Pollo, Solenzara und Algajola, der Strand von Grigione nahe Bastia und Farinole an der Westküste von Cap Corse.

BADEN & WANDERN

Plätschernde Bäche und verwunschene Wälder sind prima Naturspielplätze. Am *Polischellu-Bach* wandern Kinder gerne, lockt doch eine Badestelle nach der anderen zu einer Pause.

➤ S. 107, Der Osten

BEST OF

TYPISCH

DAS ERLEBST DU NUR HIER

WURST & KÄSE

Korsika ist bekannt für seine hervorragenden Fleisch-, Wurst- und Käseprodukte. Der Frischkäse *brocciu* aus Schafs- oder Ziegenmilch wandert in Nudelgerichte, Kuchen und Desserts. All die lukullischen Spezialitäten kannst du auf dem schönsten *Markt in Ajaccio* (Foto) genießen.

➤ S. 73, Der Westen

BERGSEEN

Am Ende des Restonica-Tals beginnt die vierstündige Wanderung zum *Melo- und Capitello-See*. Beide sind Überbleibsel der letzten Eiszeit. Die familientaugliche Tour bietet alles, was die hochalpine Landschaft Korsikas ausmacht.

➤ S. 86, Das Bergland im Inneren

NEUSTEINZEIT

Dolmen, Rundtürme und Zyklopenmauern: Bereits im Neolithikum war Korsika bewohnt. Zeugnisse der Vorzeit findest du u. a. in Filitosa, Cucuruzzu und Capula. Älteste Korsin ist die 8600 Jahre alte „Dame von Bonifacio", deren Skelett du im *Musée de l'Alta Rocca* bestaunen kannst.

➤ S. 114, Der Süden

WACHTÜRME

Während der genuesischen Epoche entstand ein perfektes Frühwarnsystem an den Küsten mit über 80 Wachtürmen. Ein sehr gut erhaltenes Exemplar findet du auf dem *Capu Rossu* am Südende des Golfs von Porto. Eine dreistündige Wanderung bringt dich hin.

➤ S. 67, Der Westen

BADEN IM FLUSS

In kaum einer Region Europas kannst du so herrlich in glasklaren Flüssen baden. Die *Solenzara* im Südosten mit ihren vielen Badebecken hat für jeden ein idyllisches Plätzchen.

➤ S. 18, Korsika verstehen, S. 107, Der Osten

SO TICKT KORSIKA

Eigentümliche Landschaft im Bergland: die *pozzi*, kleine Seen und Sumpfwiesen

ENTDECKE KORSIKA

Nah am Wasser gebaut: Bonifacio thront hoch oben am Klippenrand

***Kalliste* – die Schönste! Für die namensgebenden Griechen war dies schon in der Antike klar. Sizilien, Sardinien und Zypern schlagen Korsika zwar bei der Größe, doch keine der Konkurrentinnen vereint auf 9000 km² so abwechslungsreiche Landschaften, kulturelle Highlights, charmante Dörfer und Städte – und mediterrane Lebenslust.**

STRAND ODER STEILKÜSTE?

„Gebirge im Meer" wird Korsika gerne genannt. Nicht einmal 30 km Luftlinie vom Strand ragen 70 Gipfel über 2000 m hoch auf. Bis in den Juni hinein kannst du hier Schneebälle werfen – und dich freuen, dass das Meer um Korsika mit schon 20 Grad badewarm ist. Gut 1000 km Küste voller Vielfalt locken. Die endlosen Sandstrände, die an der Ostküste sanft ins Meer abfallen, begeistern Fami-

3500–1000 v. Chr. Megalithkultur; die Menhire entstehen

259 v. Chr. Eroberung durch die Römer

9.–11. Jh. Sarazenenüberfälle

1284 Korsika fällt an Genua

1755 Pasquale Paoli erkämpft Korsikas Unabhängigkeit

1769 Korsika fällt an Frankreich; Napoleon kommt zur Welt

1942/43 Besetzung durch deutsche und italienische Truppen im Zweiten Weltkrieg

lien und FKK-Fans gleichermaßen. Die raue, stark zerklüftete Westseite mit ihren Steilküsten und Fabelwesen aus Fels ist perfekt zum Tauchen und Segeln. Die Flüsse, die nach der Schneeschmelze wild zur Küste rauschen, haben schroffe Täler und tiefe Schluchten gegraben und im Osten an den Unterläufen Schwemmland aufgeschüttet, auf dem Wein, Getreide und Obst gedeihen. An ihren Mündungen breiten sich die herrlichsten Strände aus: mal grobsandig, den Winden ausgesetzt, mit rasanter Meeresströmung, mal mit feinsandigen Halbmondbuchten und glitzernd klarer See wie bei Calvi im Nordwesten oder bei Pinarellu und Rondinara im Südosten. Dünen, Pinien und Lagunen, aufragende Felsen und Wachtürme – die Umgebung der Strände ist ebenso faszinierend wie der fast allgegenwärtige Blick auf die Berge.

DUFTENDE BERGE

Korsikas Höhen sind geologisch zweigeteilt: Im Nordosten erhebt sich ein Schiefermassiv, südlich des Flusses Tavignano ein Granitmassiv. Auf ihren Flanken wuchert bis in 500 m Höhe die Macchia, ganzjährig grün und nahezu undurchdringlich – jahrhundertelang war sie das perfekte Versteck für Banditen. Rosmarin, Mastix, Zistrose und Myrte verströmen bei Sonnenschein betörende Düfte. Im Mai und Juni erobert der Blütenflor das Reich der Steineichen und Edelkastanien, die bis in etwa 800 m Höhe lichte Wälder bilden. Höher hinauf klammern sich mächtige Schwarzkiefern und windzerzauste Buchen an den Fels,

- **ab 1970** Die korsische Befreiungsfront FLNC wird gegründet; Serie von Sprengstoffanschlägen
- **1972** Mit dem Parc Naturel Régional de Corse wird ein Drittel der Insel unter Naturschutz gestellt
- **2015** Korsische Separatisten gewinnen erstmals die Regionalwahlen
- **2018** Die Departements Haute-Corse und Corse-du-Sud werden zur Region Korsika vereint
- **2022** Separatistenproteste erschüttern Bastia und Ajaccio

leuchten bunt alpine Blumenwiesen, tiefblau die Gebirgsseen. Hier rauscht ein Wasserfall zu Tal, dort laden Gumpen zum Baden ein. In der zerfurchten Landschaft verstecken sich die Dörfer in Talkesseln, schmiegen sich wie Ota in der Spelunca-Schlucht an Steilhänge oder thronen wie Sant'Antonino in der Balagne als Trutzburgen auf Bergkämmen.

FREMDE HERRSCHER

Die 343 000 Einwohner leben heute überwiegend an der Küste, ein Drittel von ihnen in und um die beiden größten Städte Ajaccio und Bastia. Der Tourismus hat viele Küstendörfer in Badeorte verwandelt. Die Festungen, Wachtürme und wehrhaften Dörfer im Inland dagegen erzählen bis heute von langer Fremdherrschaft. Schon die Griechen gründeten bei Aléria eine Kolonie. Als Rom, Pisa und Genua das Sagen hatten, verlangten die Besatzer hohe Abgaben, ohne die Inselbewohner wirklich zu schützen. So konnten Sarazenen und Barbaresken einfallen, berüchtigte Seeräuber aus dem Maghreb. Sie plünderten und verschleppten ganze Dörfer in die Sklaverei. Das traditionelle Dorf liegt geschützt im Oberland, die Häuser gedrängt um die Kirche. Friedhöfe und Familiengrüfte liegen außerhalb. Als die Franzosen 1769 Korsika eroberten, lebte in den Bergen ein verarmtes Hirtenvolk. Wohlhabende Großbauern gab es wenige, dafür umso mehr Banditen. Im 19. Jh. suchten Zigtausende auf dem Festland, in den Kolonien oder in Amerika ihr Glück.

RURALE RENAISSANCE

Bis heute ist Korsika die am dünnsten besiedelte der großen Mittelmeerinseln. In den Dörfern des Landesinneren wohnen meist alte Leute, vielfach Rentner, die nach der Arbeit in der Fremde in die Heimat zurückgekehrt sind. Doch die rurale Renaissance hat begonnen: Initiativen bauen die regionale Wirtschaft und den sanften Tourismus aus, Bio und Slowfood beflügeln Landwirtschaft und Gastronomie. Stolz beleben sie altes Handwerk und erzeugen Lebensmittel wie einst. Stolz sind die Korsen auch auf ihre traditionelle Musik. Musikgruppen wie I Muvrini feiern mit Songs in korsischer Sprache auch auf dem Festland Erfolge. Für die korsische Identität streiten vor allem die Separatisten, die ihre Insel nicht den Plänen aus Paris überlassen wollen. Ihre Beharrlichkeit hat sich ausgezahlt, im Regionalparlament verfügen die Autonomisten über die Mehrheit. Der Widerstand gegen Hotelgroßprojekte hat Korsika vor einer zubetonierten Küste bewahrt. Vom Wandern bis Wassersport ist Korsika ein Paradies für Aktive. Ob beim Biken, Kraxeln oder Canyoning, Grenzen setzt allein die Kondition. Das Straßennetz ist in den letzten Jahren erheblich besser geworden. Trotzdem gibt es noch fast so viele Kurven wie ehedem und so wird auch weiterhin dein Reisetempo eher gemächlich sein. Aber auch dann wirst du erst einen kleinen Eindruck vom paradiesischen Korsika bekommen haben. Die einzige Lösung für dieses Dilemma: Komm wieder!

AUF EINEN BLICK

343.000
Einwohner

Bielefeld 333.000

42 m
Tiefster See

Lac de Capitello

1047 km
Küstenlänge

Deutschland: 2389 km

8680 km²
Fläche

Thüringen: 16.202 km²

HÖCHSTER BERG

2706 m

MONTE CINTO

HITZEREKORD

42,7°

IN FIGARI (22. AUGUST 2017)

JAHRE DER UNABHÄNGIGKEIT

14

ZAHL DER REVOLTEN

37

4 UNESCO-WELTERBESTÄTTEN

Kap Girolata, Kap Porto, Calanches und der Scandola-Naturpark, auf der Bewerbungsliste: Straße von Bonifacio

AJACCIO

Größte Stadt mit 73.000 Einwohnern

BERÜHMTE KORSEN:
Napoleon
Laetitia Casta

ÄLTESTE KORSIN:
DAME VON BONIFACIO, 8600 JAHRE

KORSIKA VERSTEHEN

RUTSCHPARTIE

Nirgendwo in Europa ist das Baden in glasklaren Flüssen und Bächen so ausgiebig möglich wie auf Korsika. Fango im Nordwesten und Solenzara im Südosten bieten Badestellen gleich dutzendfach. Erstklassige Badestellen gibt es auch an weniger bekannten Flüssen wie Taravo, Fiumicelli, Vacca oder Aïtone zu entdecken. Hier kann man von senkrecht aufragenden Felsen in die Naturpools hüpfen, sich in die Stromschnellen legen oder auf Wasserrutschen ins nächste Becken sausen! Viele Gumpen sind schon von der Straße aus zu sehen. An manchen Stellen, zum Beispiel unterhalb von Stauseen oder an Stellen, an denen Trinkwasser entnommen wird, stehen Badeverbotsschilder, die unbedingt, auch zur eigenen Sicherheit, zu beachten sind.

ALARMANLAGE FÜR EINE INSEL

1284 übernahm Genua die Oberherrschaft über Korsika. Bis weit ins 18. Jh. hinein sollte die Insel genuesisch bleiben. Feuer, Piraten und freiheitsliebende Korsen: Was musste Genua nicht alles in Schach halten auf der Insel! Überblick schufen Rundtürme, wehrhaft und wuchtig. Diese Ausgucke waren ein gut funktionierendes Frühwarnsystem zur Abwehr von Piraten und Sklavenhändlern auf Menschenfang. In Sichtweite zueinander standen früher an die 80 Türme, andere Historiker schätzen bis zu 150 Stück. Wurden feindliche Schiffe gesichtet, entzündeten die Wächter ein Feuer auf der Plattform, warnten so die Bevölkerung und informierten den nächsten Turm in Sichtweite. In zwei Stunden soll solch ein Lauffeuer einst um die Insel gegangen sein!

KORSIKA DEN KORSEN

A terra corsa a i corsi – „Korsika den Korsen" – oder *I Francesi fora* – „Franzosen raus" – fordern lauthals Autonomisten. Massive soziale und wirtschaftliche Probleme haben sie erstarken lassen. Seit 2015 ist die Autonomiebewegung Pè a Corsica („Für Korsika") stärkste Kraft im Regionalparlament und kämpft für mehr Eigenständigkeit im französischen Zentralstaat. 19 wechselnde Herrscher, 37 Revolten, siebenmal Anarchie, aber nur 14 Jahre frei: Das Streben nach Unabhängigkeit zieht sich als roter Faden durch die korsische Geschichte. Zwei Männer wurden gefeierte Helden: Sampiero Corso (1498–1567) und Pasquale Paoli (1725–1807). Sampiero Corso stammte aus Bastelica. Er kämpfte an der Seite der Franzosen gegen die genuesischen Besatzer, die 1553 besiegt wurden. Als Frankreich das Land 1559 wieder an Genua abtreten musste, eroberte Corso Teile der Insel. Pasquale Paoli aus Morosaglia führte die Insel als gewählter „General der Nation" 1755 in die Unabhängigkeit und entwarf eine fortschrittliche demokratische Verfassung, die sogar die USA kopierten. Genua scherte sich nicht um den Volkswillen und verkaufte Korsika 1768 an Frankreich. Die korsischen Truppen unterlagen ein Jahr später der französischen Streitmacht.

KORSIKAS WAPPEN

Als Symbol für korsische Eigenständigkeit gilt die *tête de maure* bzw. *testa mora.* Der Kopf taucht an vielen Stellen auf, sogar als Schnitzwerk an Kanzeln in uralten Kirchen. Wie der schwarze Kopf mit weißer Binde zum Symbol Korsikas geworden ist, ist nicht geklärt. War das Tuch ursprünglich die Augenbinde von zum Tode verurteilten Angreifern, die verrutscht ist? Oder verweist die weiße Stirnbinde auf die Tradition hellenistischer Herrscher, die eine solche als Zeichen umbanden, dass sie die Herrschaft über ein Gebiet errungen hatten? Jedenfalls wurde der Kopf schon zu Zeiten Pasquale Paolis zum Symbol der gerade geborenen Nation gewählt.

SPRACHREVIVAL

Die korsische Sprache ist romanischen Ursprungs, dem Italienischen sehr ähnlich und heute wieder Pflichtfach an den Grundschulen. Bis in die 1970er-Jahre war die Inselsprache verboten und ins Private abgedrängt. 1981 durfte die korsische Uni in Corte wieder eröffnen. Sie hat erstmals das mündlich überlieferte Spracherbe schriftlich fixiert und die Grammatik des Korsischen erfasst. Heute finden sich in den Zeitungen wieder korsische Beiträge und Musiker singen immer häufiger auf Korsisch. Die Ortsschilder auf der Insel sind mittlerweile allesamt zweisprachig. Der französische Name indes ist oft übermalt – die

Korsikas Symbol ist der allgegenwärtige Maurenkopf mit weißer Stirnbinde

Freut Insekten und einst auch Banditen: der dichte Wuchs der mediterranen Macchia

korsischen Namen werden so immer gebräuchlicher. Und auch korsische Vornamen sind auf dem Vormarsch. Waren jahrzehntelang Jean und Marie die beliebtesten Namen für Jungen und Mädchen, führt seit einigen Jahren Lisandru bei den Jungs die Liste an und Ghjulia bei den Mädels.

GRÜNES BANDITENVERSTECK

Mehr als die Hälfte der Inselfläche nimmt ein immergrüner, undurchdringlicher Gestrüppwald ein, der seinen Namen von seiner häufigsten Pflanze erhielt – der weiß blühenden Zistrose. *Mucchia* heißt sie auf Korsisch, Macchia in aller Welt, ein Grün, das je nach Bodenbeschaffenheit und Höhenlage bis zu 4 m hoch werden kann. Neben Feigen- und Mandelbäumen, wilden Ölbäumen und Steineichen findest du dort auch Zypressen, weiße Maulbeeren, Myrten und Erdbeerbäume mit ihren mehligen Früchten. Mit dem Harz des Mastixbaums wurden einst Bilder gemalt und Tote mumifiziert. Durch die ätherischen Öle ihrer Duftpflanzen ist die Macchia extrem brandgefährdet. Ihr buschiger, verzweigter Wuchs machte sie einst zum perfekten Versteck für Banditen. Jahrelang konnten sie sich dort verborgen halten, unauffindbar für Rächer oder Ordnungshüter.

KLANGKÜNSTLER

Korsen gelten als schwermütig. Das macht sich auch in ihren Liedern bemerkbar. Sie wirken oft getragen und düster. Es gibt verschiedene Gesangsformen, die aus früheren Zeiten überliefert wurden, in denen die Musik die einzige Möglichkeit war, kulturelle Identität zu bewahren. Die *lamenti* sind Sprechgesänge mit frei improvisierten Versen, die vom Leben Verstorbener handeln und sehr leidenschaftlich bei Beerdigungen vorgetragen werden. An kirchlichen Feiertagen und bei Festen stimmen überwiegend Männer die polyfone *paghjella* an. Bei diesem getragenen, mehrstimmigen Gesang stehen sie nebeneinander und halten sich ein Ohr zu, um sich besser auf die eigene Stimme konzentrieren zu können. Diese A-cappella-Tradition wurde 2009 von der Unesco zum Weltkulturerbe erklärt. Beim *chjam'e e rispondi* liefern sich zwei Sänger ein musikalisches Gefecht. Der Wechselgesang lebt von der Improvisation – je einfallsreicher die Sänger, desto schöner. Viele Gruppen haben das alte Liedgut wiederentdeckt und teilweise mit modernen Rhythmen und Instrumenten neu verpackt. Gesungen wird selbstverständlich auf Korsisch. Bekannte Vertreter sind z. B. I Muvrini, Canta U Populu Corsu und A Filetta, die den Sommer über auf der Insel auftreten und auch in ganz Europa Erfolge feiern.

DER KAISER

Auf der Treppenstufe – die Mutter hatte nach dem Kirchgang das Haus nicht mehr rechtzeitig erreicht – erblickte am 15. August 1769 in Ajaccio der spätere Kaiser der Franzosen das Licht der Welt: Napoleon Bonaparte. Er lebte jedoch nur kurze Zeit auf Korsika. 1793 flüchtete die Familie durch eine Falltür vor ihren Feinden. Dennoch wünschte sich Napoleon, dass sein Leichnam in Ajaccio beigesetzt werde, falls er in Frankreich keinen würdigen Platz bekäme. Der aber ist ihm im Invalidendom in Paris zuteil geworden. Seinen Geburtsort machte Napoleon zur Inselhauptstadt. Sie dankt es ihm mit vielen Denkmälern, einem Museum im Geburtshaus und großem Stadtfest zum Geburtstag.

KLISCHEE KISTE

FAULE INSULANER

Schon die alten Römer machten die Erfahrung: Korsen sind keine guten Sklaven. Sie galten als faul und taten nie, was man von ihnen verlangte. Tatsächlich aber arbeiten sie nur anders: Mitten im heißen Sommer pflücken sie nachts die Trauben. Nach dem Mittagsmahl gönnen sie sich im kühlen Haus eine Siesta. Und sind abends umso aktiver.

SCHÖNE FRAUEN

Da ist was dran! Besonders bei der Vorzeigekorsin Laetitia Casta. Die Schauspielerin stand 1999 Modell für die Mariannen-Büste, die alle Rathäuser in Frankreich ziert. Der Stolz der Korsen auf ihre schönste Repräsentantin hat nur einen kleinen Haken: Casta wurde 1978 im normannischen Pont-Audemer geboren. Doch zumindest stammt ihr Vater von der „Insel der Schönheit" ...

KNALLER-KÄSE

Korsischer Käse hat Power. Dieses Klischee lassen Goscinny und Uderzo in „Asterix auf Korsika" wortwörtlich bersten. Als der Piratenkapitän den *casgiu merzu* entdeckt, sorgt der mit seinen Ausdünstungen für eine gewaltige Explosion. Doch nur dieser überreife Sartinese-Käse entfaltet einen faulen Geruch. Die anderen Sorten der Insel katapultieren höchstens ins Schlaraffenland.

MAMMUTSTEINE

In der Jungsteinzeit lebten auf Korsika Jäger, Sammler und Fischer in Höhlen und unter Felsvorsprüngen. Später entstanden auf Anhöhen unverschanzte Siedlungen. Mitte des 4. Jahrtausends v. Chr. entwickelte sich aus einem Totenkult die Megalithkultur: Man ließ Gräber aus monumentalen Steinplatten in den Boden ein. Diese wurden mit einem Erdhügel bedeckt, später als Dolmen (Steintische) oberirdisch errichtet. An diese Gräber wurden Steinsäulen als „Seelensitze" der Verstorbenen gestellt. Die sogenannten Megalithiker schufen auf Korsika Menhire, die bis zu 4 m Höhe erreichten und wie Statuen bearbeitet wurden. Sie erhielten primitive menschliche Gesichtszüge und sogar angedeutete Gewänder. Manche Statuen tragen auch Waffen. Diese stammen aus der letzten Phase der Megalithkultur um 1500 v. Chr. Damals stießen vermutlich Eindringlinge vor, die Torreaner. Sie türmten riesige Granitblöcke zu sogenannten Zyklopenmauern auf und verbauten die Menhire der Megalithiker in ihren *torres*, bis zu 7 m hohen Türmen. Die wichtigsten Fundstätten der Vorzeit liegen im Inselsüden.

BLUTIGER BRAUCH

Die Wahrung von Ehre und Recht nahmen die Korsen früher nach Kräften selbst in die Hand. Nach ihrem Ehrenkodex war ein Mann verpflichtet, schwere Kränkungen durch Mord zu rächen. Dieses Vendetta genannte Vergeltungsrecht erlebte seinen Höhepunkt in der ersten Hälfte des 19. Jhs., als die Zahl der durch Blutrache Ermordeten auf über tausend im Jahr anstieg. Um sich vor Vergeltung zu schützen, versteckten sich die sogenannten Ehrenbanditen in der Macchia oder verschanzten sich in wehrhaften Türmen und Häusern, die erst in den oberen Geschossen Fenster hatten, die jederzeit verriegelt werden konnten. Spuren der Schießereien und Fehden zwischen den Familien sind besonders gut in Sartène zu sehen, der Hochburg der Vendetta. Erst 1935 wurde nach einer Großrazzia der letzte Ehrenbandit auf der Place St-Nicolas von Bastia öffentlich hingerichtet: André Spada, der „Tiger der Cinarca".

KIRCHEN MIT STREIFENOPTIK

Auch wenn du kein Kirchenfan bist: Die Bauten, die die toskanische Republik Pisa auf Korsika errichtet hat, sind echte Hingucker. Pisa hatte die Insel im Jahr 1077 als päpstliches Lehen erhalten. Prachtvolle neue Kirchen sollten die Korsen ermuntern, von den Rückzugsorten in den Bergen wieder an die entvölkerte Küste zu ziehen. Besonders in der Castagniccia, dem Nebbio und in der Balagne findest du die Gotteshäuser, die auch wegen ihrer Funktion aus dem Rahmen fielen: Darin wurden nicht nur die Messen für die tiefreligiösen Korsen zelebriert, sondern auch Gericht gehalten – und sehr weltlich feuchtfröhlich gefeiert. Auch in der Architektur unterscheiden sich die pisanischen Kirchen auf Korsika von den sonst eher schlichten, fast schon klobigen romanischen Kirchen des Festlands. Auf der Insel sind es Kleinode, die die Farbe feiern: mal als

Streifenmuster in Stein, dann als Mosaik aus verschiedenfarbigen Steinquadern. Und fehlt auf dem Festland der Schmuck, zieren hier naive Reliefskulpturen, umlaufende Schmuckbänder, florale und geometrische Muster den Stein.

FABELFELSEN

Der eine sieht aus wie ein Löwe, der andere wie eine alte Hexe. Und in manchen haben die Korsen sogar jahrhundertelang gewohnt: *tafoni,* von Wind und Wellen, Regen und Hitze erodierte Granitfelsen. Tiefrot leuchten sie in der Abendsonne und entfalten einen geradezu magischen Zauber. Besonders zahlreich findest du sie in den Calanches. Für den Schriftsteller Guy de Maupassant erhebt sich dort ein „Wald aus purpurfarbenem Granit: Spitzen, Säulen, Türmchen, überraschende Formen". Schau dir das Naturspektakel Korsikas vom Wasser aus an: Leih dir ein Paddelboot oder mach eine Bootsfahrt!

WINDREICH

Der *maestrale* lässt die Sonneninsel in beißender Kälte frieren; im Sommer sorgt mittags der *ambata* für Abkühlung. Der *scirocco* trägt die Wüstenhitze der Sahara nach Korsika. Der *ponente* sorgt für klare Sicht; beim nächtlichen *terranu* stachen die Segelschiffe früher in See. *Levante, grecale* und *tramuntana* treiben im Inselosten die Surfer übers Wasser. Korsikas Winde sind legendär – und einer bläst immer. Garantiert!

Bildhauer aus der Vorzeit haben wie hier in Filitosa ihre Werke hinterlassen

ESSEN SHOPPEN SPORT

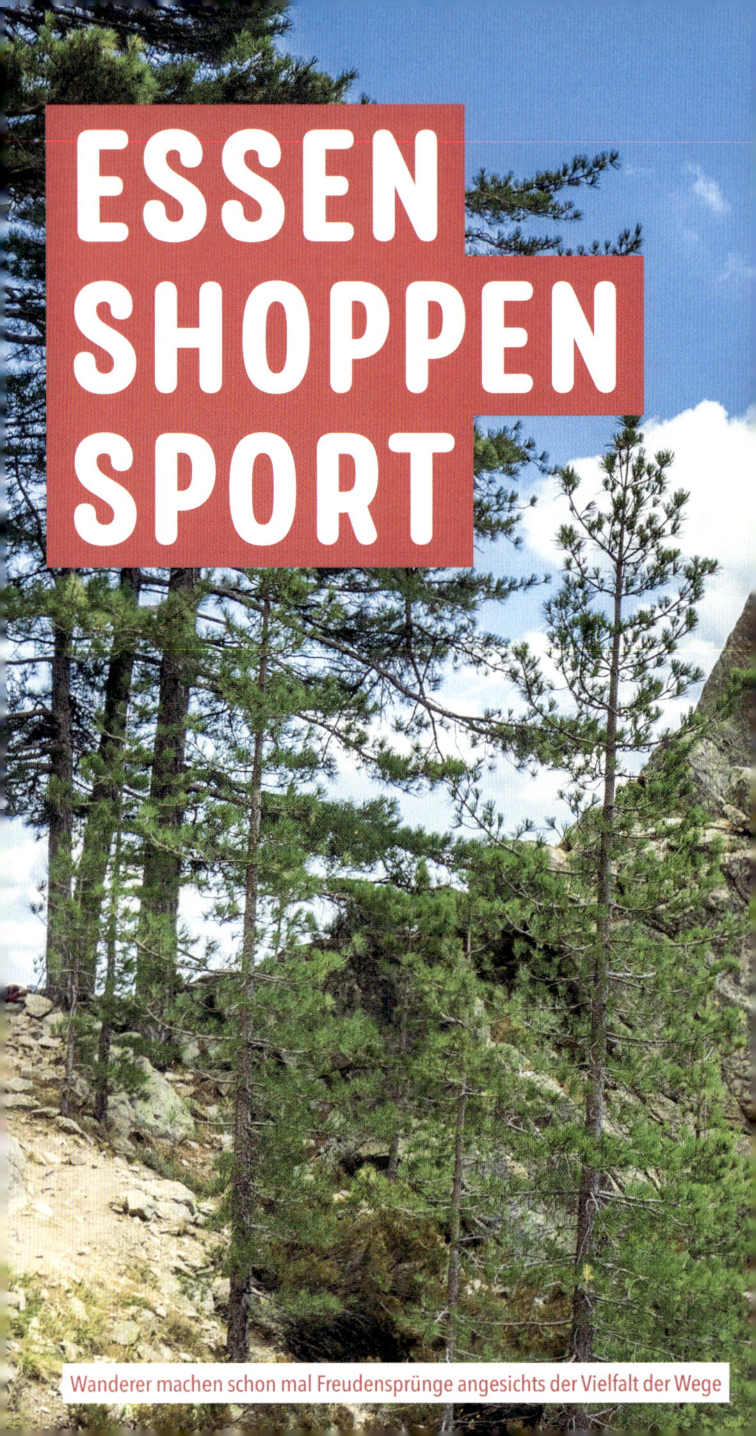

Wanderer machen schon mal Freudensprünge angesichts der Vielfalt der Wege

ESSEN & TRINKEN

Slow Food – der Begriff ist den Korsen zu modisch, die Idee aber genau die ihre. Lokaler Anbau von heimischen Sorten, extensive Viehhaltung, handwerkliche Verarbeitung und Verkauf vor Ort, kurze Transportwege zu lokalen Abnehmern und immer mehr Bioanbau mit dem Gütesiegel AB *(Agriculture Biologique)*: Das ist ihr Credo. Korsikas Bienen sammeln Nektar und Pollen in der weiten Macchia oder den verwilderten Edelkastanienhainen. Frei herumlaufende Schweine ernähren sich noch von Bucheckern, Eicheln und Edelkastanien; im späten Frühling ziehen Hirten mit ihren Herden in die Berge, im Herbst hinab zu den Weiden im Tal. Transhumanz und Authentizität statt Globalisierung und Gewinnmaximierung: Zwar stehen auch auf Korsika die Landwirte unter Druck, doch sie wehren sich, so gut sie können. Und finden Rückhalt bei den Einheimischen und den Gästen aus der Fremde – freu dich auf unverfälschte Lebensmittel aus lokaler Produktion, die kreativ wie raffiniert zubereitet werden.

EINFACH & SOLIDARISCH

Ursprünglich war die korsische Küche eine Armeleuteküche, in der Gartenbau und Kleintierhaltung eine lebenswichtige Rolle spielten. Der Schinkenknochen für die leckere Gemüsesuppe *soupe corse* musste mehrmals in den Topf wandern, bis er auch sein letztes Aroma abgegeben hatte. Das heute fast schon als Luxusgut geltende Kastanienmehl (30–35 Euro/kg) war bis vor 50 Jahren ein Grundnahrungsmittel korsischer Familien, das so mancher in seiner Kindheit täglich serviert bekam. Die dörfliche Solidarität spielte ebenfalls eine große Rolle. Selbst ärmere Familien kamen so gelegentlich in den Genuss von leckerem Schweinebraten oder jungen Zicklein.

Vom Frühstück bis zum Käseküchlein (re.): Der *brocciu* ist essenziell in Korsikas Küche

WILDE AROMEN

Da nahezu alle Männer auf die Jagd gingen, wurde der Speisezettel stets um Wildspezialitäten – besonders Wildschwein *(sanglier)* – bereichert. Gewürzt wurden die Speisen mit dem, was Küchengarten und Macchia hergaben: Wildkräuter wie Minze, Katzenminze und Bergthymian gaben vielen Gerichten einen unverwechselbaren Geschmack. Aus wilden Früchten und Gartenobst entstanden Konfitüren und Liköre mit inseltypischen Geschmacksnoten wie Kastanie, Zedrat (Zitronatzitrone), Feige, Myrte, Baumerdbeere *(arbouse)* und Clementine.

KÄSEREICH

Diese Subsistenzwirtschaft ist Vergangenheit. Heute beweisen kleine, technisch top ausgestattete Betriebe, dass sich Tradition und Moderne in höchster Qualität vereinen können. So sind Käsereien entstanden, die die traditionellen Sorten handwerklich wie einst herstellen: runde Hartkäselaibe wie den Sartène, der 2,5 kg auf die Waage bringt und zum Aperitif aufgeschnitten wird. Die Milch der Ziegen wandert in den Chêvre, aus Schafsmilch fertigen die Korsen den Brebis, der im Alter härter und aromatischer wird. Nationalkäse der Korsen ist der dem Ricotta ähnliche *brocciu,* frisch und mild auf der morgendlichen *tartine,* mittags im Omelett, abends in der *pulenta* und zwischendurch im *fiadone* (Käsekuchen), in den *falculelle* (Zuckerküchlein) und beim nachmittäglichen *goûter* mit Wein und Baguette.

Wer den *casgiu merzu* genießen möchte, sollte abgehärtet sein. Für den „verdorbenen Käse" werden Käsereste samt Rinde in einen Tontopf getan. Bereits nach wenigen Tagen krabbeln dort Maden und verleihen dem Käse seine zweite Reife. Mit Trester übergossen, wird diese korsische Spezialität nur zu besonderen Anlässen serviert – samt springender Larven.

BROTBAUM

Von Natur aus süß-aromatisch, sind geröstete Edelkastanien eine beliebte Schlemmerei im Herbst. Aus Kastanienmehl stellt man Kuchen, Eis, Likör und sogar Bier her. Die *pulenda,* ein gekochter Riesenkloß aus Kastanienmehl, wird in Scheiben zu gebratenen Würstchen, Spiegeleiern und *brocciu* gereicht.

SCHWEINISCHE VERFÜHRER

Lamm oder Rind werden auf Korsika nur für Fremde oder Festlandsfranzosen zubereitet. Zur *charcuterie corse,* die über Kastanienholz geräuchert wird, gehören neben einem gepfefferten Rollschinken aus Schweinenacken *(coppa)* und mild geräuchertem Schweinefilet *(lonzu)* auch Würstchen aus Schweinespeck, Leber und Innereien, die *figatelli.* Der rohe Räucherschinken *prisuttu* wird im Sommer gern zusammen mit frischen Feigen serviert. Wer picknicken möchte, findet die typisch korsischen Wurstwaren auf den Wochenmärkten sowie fast überall in Metzgereien und Supermärkten.

SEAFOOD SATT

An den Küsten prägen frischer Fisch aus lokalem Fang – nicht ganz billig! – und Meeresfrüchte wie Langusten, Muscheln und Seeigel die Karte. Die Lagunen der Ostküste liefern köstliche Austern. Stars der Küstenküche sind Goldbrasse *(daurade),* Rotbarbe *(rouget)* und Wolfsbarsch *(loup).* Eine Forelle *(truite)* genießt du frisch gefangen aus den Gebirgsbächen im Inland. Ein Klassiker ist die Fischsuppe *(soupe de poisson).* Sie wird mit geröstetem Weißbrot, Streukäse und *rouille* gereicht, einer Paste aus Olivenöl-Mayo mit Knoblauch, Safran und Chili.

PACE E SALUTE: PROST!

Beginn das Essen mit Inselaperitifs wie dem *Cap Corse* aus Muskatwein und *quinquina* (Chinarinde) oder dem *Cédratine,* einem Likör aus wilden Zitronen. Größeren Durst löschen das süffige Kastanienbier von Pietra oder Craftbiere von der Mikrobrauerei Impériale. Von der Massenplörre zum Göttertrank hat sich der korsische Wein gewandelt. Ausgezeichnete Tropfen werden aus dem heimischen weißen Vermentinu und den beiden roten Sorten Niellucciu und Sciaccarellu gekeltert. Welcher Wein am besten zum jeweiligen Essen passt, ist ein korsisches Lieblingsthema. Weiß zu Fisch, Rosé zu Meeresfrüchten, Rot zu Fleisch ist auch hier längst nicht mehr Gesetz. Das oft opulente Mahl beenden traditionell Verdauungsschlückchen mit einem *digestif* wie Myrtenschnaps. Wer's gern süßer mag, sollte einmal Myrten- oder Kastanienlikör kosten.

ESSENSZEIT!

Frankreich isst zu festen Zeiten: mittags von 12 bis 14.30, abends von 19 bis 21 oder 21.30 Uhr. Wer nachmittags plötzlich Hungerattacken verspürt, kann nur auf ein Sandwich im Café hoffen.

Unsere Empfehlung heute

Vorspeisen

CHARCUTERIE ET FROMAGES CORSES
Vorspeisenteller mit korsischem Aufschnitt und Käse

FIGATELLI
Wurst aus Schweineleber, warm serviert

TERRINE DE SANGLIER
Wildschweinpastete

Erster Gang

ZUPPA CORSA
Kräftige Gemüsesuppe mit u. a. Mangold und Borlotti-Bohnen

SARDINES FARCIES
Gefüllte Sardinen

BASTELLE
Herzhafte Teigtaschen, mit Mangold *(blettes)*, Kürbis *(courges)* oder Zwiebeln *(oignons)* gefüllt

CANNELONIS AU BROCCIU
Mit Frischkäse gefüllte Nudelrollen

Hauptgerichte

STUFATU
Fleischragout mit Macchiakräutern

SAUTÉ DE VEAU AUX OLIVES VERTES
Kalbsgulasch mit grünen Oliven

PIVERUNATA
Ragout von jungem Lamm oder Zicklein mit Paprikaschoten

AZZIMINU DI CAPICORSU
Ragout aus Fisch, Meeresfrüchten und Hummer

SANGUI
Gemüseeintopf mit Blutwurst, Speck und Rosinen

Desserts

BEIGNETS AU BROCCIU
Frittierte Teigbällchen mit Frischkäse

MOELLEUX À LA CHATÂIGNE
Weicher, saftiger Kuchen aus Esskastanien

PASTIZZU
Flan aus Eiern, Milch und altem Brot

CANISTRELLI
Harte Mürbeteigkekse, aromatisiert mit Mandeln, Zitrone und Anis

CUCCIOLE
Quadratische Kekse aus einem Mürbeteig mit Tresterschnaps und Weißwein

SHOPPEN & STÖBERN

MEHR ODER WENIGER PROZENTE

Korsische Weine sind mittlerweile auch im Rest Europas erhältlich. Die drei traditionellen Rebsorten heißen Niellucciu, Sciaccarellu und Vermentinu. Die Anbauregionen, die das Qualitätssiegel AOP bzw. AOC tragen, sind Patrimonio, Cap Corse, Calvi, Ajaccio, Sartène, Figari und Porto-Vecchio. Die Tafelweine stammen überwiegend aus der östlichen Ebene der Insel. Neben ausgezeichneten Weinen werden hervorragende Liköre, Obstweine und Brände hergestellt. Tolle Mitbringsel sind ein Kastanienlikör *(liqueur de châtaigne)*, ein herbwürziger Obstwein aus Bitterorangen *(oranges amères)*, der Apéritif Cap Corse aus Muscat und Chinarinde oder der Inselwhisky von Pietra & Mavela *(whisky.corsica)*.

SCHÖNES AUS DEM MEER

In der Balagne führt die *Strada di l'Artigiani (routedesartisans.fr)* zu 27 Kunsthandwerkern. Eine von ihnen ist Martine Sanchez *(ateliersecondevie.jimdofree.com)*, die knorrigem Treibholz in Form von Möbeln, Dekoobjekten und Alltagsgegenständen ein zweites Leben einhaucht: im Sommer in Pigna und ganzjährig in der Zitadelle von Calvi im Künstlershop *Storia d'Artigiani*. Koralle soll vor Krankheit, Blitzschlag und Kinder vor Unheil schützen. Korsen fertigen aus dem roten Gold des Meeres seit Jahrhunderten Ketten, Arm- und Ohrschmuck und Amulette. Und der Artenschutz? Verarbeitet werden auf der Insel nur Korallen, die nicht geschützt sind, und leichte Schaumkorallen aus asiatischer Zucht.

INSIDER-TIPP
Treibholzkunst

FÜR HAUT, HAAR & MAGEN ...

Kalliste, die Schönste: Das ist auf der Insel auch das Credo der Kosmetik. *Corsica Essences* stellt im Landesinne-

Appetitanreger von der Insel: der „Cap Corse" des Traditionsherstellers Mattei (re.)

ren aus den natürlichen Rohstoffen der Insel ökologische Kosmetik mit essenziellen Ölen her. Perfekte Mitbringsel: die herrlich duftenden Seifen und Duschgels mit Namen wie „Meeresufer", „Obstgarten", „Gehölz" oder „Gebirge", die es in Apotheken und auf *fleursdemaquis.com* gibt. In der Macchia blüht auch gelb Korsikas Allround-Hausmittel, wo es Kräuterhexen schneiden und auf Märkten verkaufen: die Immortelle. Dieses „Currykraut" heilt Verletzungen, als Lotion schützt es die Haut, als Aufguss oder Tee lindert es Bauchschmerzen und Magenkrämpfe.

... UND FÜR OHREN & GEMÜT

Augen schließen und träumen: Die paghjella und traditionelle polyfone Gesänge von A Filetta und Barbara Furtuna bringen dich sofort zurück zur Insel! Ebenso die Folkklassiker von I Muvrini, Voce Ventu und Tavagna, die politische Folklore von Canta U Populu Corsu oder L'Arcusgi oder der Ska von jungen korsischen Bands.

GAUMENGENÜSSE

Edles Olivenöl gibt es in den Kooperativen und bei kleinen Produzenten *(oliudicorsica.fr)*, die es aus besonders robusten Olivensorten pressen. Korsikas Honig trägt sogar ein AOC Siegel. Kräftige Aromen sammeln die Bienen besonders im Bergland. „Wilde Süße" nennt etwa Imker Pierre-François Torre *(apaemele.com)* aus Cuttoli-Corticchiato seinen bitter-würzigen Erdbeerbaumhonig. Hartkekse gibt es in unglaublicher Vielfalt – von *canistrelli* mit Anis, Zitronat oder Nuss bis zu den *cucciole* der Maison Casanova mit Weißwein. Ein schönes Mitbringsel ist die Fischsuppe der Conserverie Casatorra in blau-gelber Büchse. Bester Begleiter: der Rosé der *Domaine Peraldi (domaineperaldi.com)* aus der AOC Ajaccio.

SPORT

WANDERN

Knapp 150 Gemeinden im Inselinneren bilden gemeinsam den *Parc Naturel Régional de Corse (pnr.corsica)*, der knapp ein Drittel der Insel umfasst. Er initiiert viele Schutz- und Entwicklungsmaßnahmen und unterhält alle Fernwanderwege. Der berühmteste unter ihnen ist die 170 km lange *Grande Randonnée de la Corse*, die über lange Strecken in Höhen von mehr als 2000 m verläuft. Als GR 20 führt sie mit rot-weißer Kennzeichnung von Calenzana im Nordwesten bis nach Conca bei Ste-Lucie-de-Porto-Vecchio. Auch wer nicht gleich die großen Gipfel stürmen will, findet herrliche Wanderpfade, Rundwege oder mehrtägige Routen. Von einer Küste zur anderen führt etwa der Weg *Da Mare a Mare Centre* von Ghisonaccia nach Ajaccio, durch die mittleren Berge oder entlang der Westküste ist man unterwegs auf den Routen *Tra Mare e Monti Nord/Sud*. Meist verlaufen sie auf Hirtenwegen. Die sehr guten Karten IGN Top 25 gibt es in Buchhandlungen, Souvenirgeschäften und Supermärkten. Keine Lust aufs Rucksackschleppen? Dann lass ihn vom Esel tragen. Infos: *altaroccanes.com, randonnee-ane-corse.com*

KLETTERN

Korsika ist mit seinen Felsküsten, Schluchten und Bergspitzen ein äußerst vielseitiges Terrain zum Klettern. Zu Klettertouren in den Bergen solltest du früh aufbrechen, um die Aussicht von oben zu genießen, bevor Dunst und Quellwolken kommen. Infos zu Kletterstellen *(sites d'escalade)* findest du auf *omegaroc.com, topo guide.de* und *haute-montagne-corse.com*. Sehr beliebt sind Kletterparks wie *A Tyroliana (Ste-Lucie de Porto-Vecchio | atyroliana.corsica)* mit Affenschaukeln, Tarzansprüngen, Hänge-

Unterwegs durch dichten Farn im Bavella-Massiv – hier kommt Urwaldfeeling auf!

brücken und Seilwinden. Im Kletterpark *Accrobranche de Vero (revesdecimes.fr)* kannst du im Juli und August mittwochs von 19 bis 23 Uhr die 17 Strecken durch die Baumwipfel auch nachts klettern.

INSIDER-TIPP
Bei Mondschein in die Bäume

RADFAHREN

Die steilen Berg- und Talfahrten durch abwechslungsreiche Landschaft, tolle Ausblicke bei jeder Rast: Das macht Korsika ideal für Radtouren. Ob als Mountainbiker auf Cap Corse oder Genussradler an der flachen Ostküste: Es ist ein Erlebnis, Korsika per Rad zu entdecken. Fahrräder und E-Bikes kannst du in größeren Orten und Urlaubszentren mieten. Die besten Zeiten sind das Frühjahr und der Herbst, wenn die Sonne nicht gar so brennt und viele Straßen dir fast allein gehören. Mit der GT20, der *Grande Traversée (gt20-velo.corsica)* vom Cap Corse nach Bonifacio mit zwölf Etappen auf 600 km, hat der legendäre Extremweitwanderweg auch eine Hardcore-Variante für Radfahrer.

REITEN

Mehr als 1000 km alte Wege, oft frühere Maultierpfade, werden erhalten und sind für Ausritte bestens geeignet, auch wenn Strecken nicht ausdrücklich als Reitwege ausgewiesen sind. Wo sich ein Reiterzentrum *(centre équestre)* befindet, verraten Straßenschilder und die Adressliste des *Comité Régional d'Equitation Corse (cre-corse.fr).*

GOLF

Golfen auf Korsika? Klein und fein: Es gibt sechs Plätze, aber nur einen mit 18 Löchern. Doch der ist grandios: Paradeblicke über das Meer nach Sardinien und Abschläge übers Wasser bei Loch 15 und 16 machen den *Golfplatz von Sperone (golfdesperone.com)* im Inselsüden zu einem der schönsten der Welt. Neun Löcher kannst du in Borgo südlich von Bastia *(borgo-golf-club.fr)* und in Speloncato *(golf-reginu.com),* sechs Löcher südlich von Ajaccio am Golf von Porticcio *(giga-golf.com)* bespielen.

CANYONING

Mit Helm, Neoprenanzug und Klettergurt ausgerüstet Wildbäche hinabkraxeln, rutschen, tauchen, vom Fels in Badegumpen springen: pures Adrenalin! Touren bieten Dutzende Outdoor-Veranstalter auf der Insel an, zu finden auch auf *visit-corsica.com* und *altipiani-corse.com.* Korsikas Hochburg fürs Canyoning heißt Corte, groß im Kommen sind Solaro und Solenzara. Von dort aus starten zig Touren ins Bavella-Massiv, wo sich die schönsten Schluchten der Insel verstecken.

OUTDOOR-TOUREN

Couleur Corse (Tel. 04 95 10 52 83 | couleur-corse.com) organisiert u.a. Wanderungen auf dem GR20 oder Canyoning im Bavella-Massiv – Erlebnisse für Aktive, die auf eigene Faust oder geführt unterwegs sein wollen.

KANU & KAJAK

Die Zeit nach der Schneeschmelze im April und Mai ist die schönste Zeit für Wildwasserfahrten auf den Flüssen Ta-

Beim Paddeln auf dem Fango im Nordwesten locken immer wieder tolle Badestellen

ravo, Rizzanese, Asco, Golo, Tavignano, Vecchio und Liamone. Fürs Erkunden der Küsten – am schönsten an der Südküste und an der nördlichen Westküste des Cap Corse mit ihren versteckten Grotten – ist der Sommer ideal. Sei aber möglichst nicht allein unterwegs – umschlagende Winde können gefährlich werden! Informationen: *Cors'Aventure (corse-aventure.com)*, geführte Tages- und Dreitagetouren: *Agriates Kayak (agriateskayak.com)*.

SCHNORCHELN & TAUCHEN

Fischschwärme, Schiffswracks, geheimnisvolle Grotten und farbige Korallen: Magische Momente beim Tauchen oder Schnorcheln sind garantiert – besonders an der zerklüfteten West- und Südküste und in den Meeresschutzgebieten um die Îles Cerbicales und Îles Lavezzi. Tauchschulen, die auch Schnupperkurse für Einsteiger anbieten, finden sich in fast allen Badeorten. Unbedingt das Gesundheitszeugnis von zu Hause mitnehmen! Auskunft beim *Comité Régional Corse (ffessm corse.com)* der FFESSM.

SEGELN & SURFEN

Korsika ist – leider – Frankreichs teuerstes Segelrevier. Das liegt auch an der recht kurzen Segelsaison: Nur von Mai bis September kannst du hier in den 19 Yachthäfen mit 9000 Liegeplätzen auch Boote chartern. In fast allen Badeorten finden sich Boots- und Surfbrettverleihe, die auch Kurse anbieten. Für Anfänger am besten geeignet ist die lange Ostküste. Surfer schwärmen vom Golfe de Valinco, dem Golfe de Sagone und den Buchten zwischen Porto-Vecchio und Tizzano. Könner tummeln sich an der Westküste des Cap Corse und den Golfs von Figari und Sant'Amanza. Bei *voilecorse.com* findet sich alles über Wassersportarten: vom Surfbrett bis zur Mehrtagesbootstour.

ANGELN

Was für ein fetter Barsch! An den Küsten außerhalb der Naturschutzzonen darfst du ihn ohne Angelschein aus dem Meer ziehen. Für die Forellen, die sich in den 45 Gebirgsseen im Inneren tummeln, und die Fische der Flüsse brauchst du eine Lizenz, erhältlich online auf *de.cartedepeche.fr/81-liste-des-cartes.htm* und vor Ort bei den Partnern der *Fédération Nationale de la Pêche (federationpeche.com)*.

WINTERSPORT

Im Zusammenhang mit Korsika denken wohl die wenigsten an Wintersport. Dabei hat die Insel schneebedeckte Gipfel und eine Reihe von Skigebieten zu bieten. Zwischen Dezember und März liegt in Bastelica, Ghisoni, am Col de Vergio oder bei Zicavo oft genug Schnee, um Ski zu fahren. Ist die Sicht klar, kannst du beim Wedeln das Meer sehen. Gemächlicher geht es auf dem Plateau von Coscione zu. Dort sind die Langläufer in der Überzahl. Im Skigebiet von Asco schleppt dich der Tellerlift bis auf 2000 m Höhe und du wedelst am Hang des Monte Cinto auf zwei roten Pisten zurück zum Hochplateau. Du liebst Skitouren? Dann wag dich auf die *Haute Route* zwischen Quenza und dem Asco-Tal. *montagnesdecorse.com*

DIE REGIONEN IM ÜBERBLICK

ITALIEN
Bastia
DER NORDEN S. 38
Vescovato
DER OSTEN S. 92
DAS BERGLAND IM INNEREN S. 76
Endlosstrände zum Sonnenbaden vor grandioser Kulisse
Mer Tyrrhénienne
Ein wildes Spitzenreich mit 120 Zweitausendern
DER SÜDEN S.108
Sartène
Porto-Vecchio
Figari
Bonifacio

DER NORDEN

GANZ KORSIKA IM KLEINFORMAT

Korsika hat zwei Gesichter: rau, wild, abweisend das eine. Und lieblich, grün, mediterran das andere. Hier im Norden zeigen sich beide auf engstem Raum.

Ganz oben: die Landzunge von Cap Corse, von der man sagt, sie sei landschaftlich ein Korsika en miniature, flankiert von Bastia im Osten und dem Badeort St-Florent im Westen. Eine atemraubende Panoramastraße führt an der zerfurchten Felsküste entlang, die im Licht der tief stehenden Sonne feuerrot leuchtet. Nicht weniger feu-

Mittelmeeridylle: Nonza thront malerisch auf einem Felsvorsprung

rig und temperamentvoll sind die Patrimonio-Weine, die hier gedeihen, kraftvolle Rote, die du kosten musst!
Gen Süden anschließend: der Garten Korsikas, die Balagne. In den Hügeln des westlichen Vorgebirges verstecken sich Bergdörfer, die ganz bewusst altes Handwerk und korsische Lebensart bewahren. Zwischen L'Île-Rousse und Calvi bringt dich die Schmalspurbahn Micheline, auch Trinighellu genannt, zu kleinen Badeorten und versteckten Stränden. Lust auf Trubel? Calvi rockt – nicht nur beim Festival Calvi on the Rocks!

DER NORDEN

MARCO POLO HIGHLIGHTS

★ **PIGNA**
Korsikas Künstlerdorf: Musik, Bildhauerei, Malerei und das Festival Festivoce ➤ S. 55

★ **SANT'ANTONINO**
Korsikas ältestes Dorf steht wie eine Trutzburg hoch über der Balagne ➤ S. 55

★ **ST-FLORENT**
Fast so chic wie St-Tropez, aber in Klein ➤ S. 49

★ **CALVI**
Quirliges Städtchen mit Kultclub in der Zitadelle und Traumstrand ➤ S. 57

★ **FANGO-TAL**
Baden und wandern, paradiesisch schön zu kombinieren ➤ S. 61

★ **NONZA**
Dorfromantik am Cap Corse mit schwarzem Strand – 1000 Stufen führen hinab ➤ S. 49

★ **SAN MICHELE DE MURATO**
Romanik wie in Pisa: ein elegantes gestreiftes Kirchlein mit großem Campanile ➤ S. 51

6 Barcaggio
Poggio
7 Moulin Mattei
Centuri-Port 8
Centuri
6 Macinaggio
Morsiglia
Marine de Meria
Cap Corse
S. 46
Pino
5
Luri
Tour de Sénèque
Minervio
5 Santa Severa
Barrettali
Marine de Porticciolo
Marinca
Ogliastro
Olcani
Sisco
4 Monte Stello
9 Nonza ★
Olmeta-di-Capocorso
4 Erbalunga
Santa-Maria-di-Lota
4 Miomo
Golfe de S. Florent
Plage de Saleccia
Plage du Lotu
Farinole
Ville-di-Pietrabugno
11 Patrimonio
Serra di Pigno 1
Bastia
S. 42
St-Florent ★
S. 49
10 Désert des Agriates
Furiani
2 Brasserie Pietra
Oletta
Biguglia
T30
70 km, 1 Std. 50 Min.
Olmeta-di-Tuda
T11
Urtaca
Rapale
12 San Michele de Murato ★
Novella
Lama
Sorio
92 km, 2 Std.
Borgo
Lucciana
T11
Pietralba
La Canonica 3
T20
Casamozza
Bigorno
Volpajola
Lento
T20
Castifao
Moltifao
T30
Campile
Ponte-Novo
Vescovato
Bisinchi
Querciolo
Monte
Ponte Leccia
Ortiporio
T10
Porri
Folelli
Popolasca
T20
Morosaglia
Prato-di-Giovellina
Quercitello
Gavignano
5 km
3.11 mi

In Bastias Altem Hafen liegen Fischkutter und Segelboote, draußen ist Platz für die Fähren

BASTIA

G5 **Halt, nicht einfach von der Fähre rollen und weiterfahren: Bastia (44 000 Ew.) ist dazu viel zu aufregend. Die Hafenstadt ist ein Mikrokosmos der Kulturen, in dem Gegensätze nebeneinander bestehen: Menschen mit ihren unterschiedlichen Lebensweisen, Palazzi und Beton, Altstadt und Moderne, Grandezza und morbide Vergänglichkeit. Bastia ist Nordkorsikas Perle zu Füßen des Monte Pigno.**

Die Wurzeln der Stadt liegen in der *Terra Vecchia.* Das ehemalige Fischerviertel schmiegt sich mit steilen Gassen zwischen schmalen, hohen Häusern an den *Vieux Port,* den Alten Hafen. Bewacht wird er von der Zitadelle der *Terra Nova,* dem Festungsviertel mit Bars und Restaurants in engen Gassen und Treppenwegen hinter dicken Mauern. Die doppelte Altstadt endet gen Norden an den Platanen der weiten *Place St-Nicolas,* wo die Städter ihre Mußestunden zwischen Kriegerdenkmal, Musikpavillon und Napoleonstatue verbringen. Zeit für einen Cap Corse! Koste den korsischen Aperitif beim Likörhersteller Mattei oder in einem der vielen Terrassencafés und genieß den Paradeblick auf den Fährhafen und das Meer!

SIGHTSEEING

TERRA VECCHIA (ALTER HAFEN)

Treppen und enge Gassen, schmale, hohe Häuser und Patina auf den Fassaden: In der Terra Vecchia lebt noch das Bastia der Fischer und Seeleute. Doch auch der Kern der mittelalterlichen Stadt, die um den natürlichen Hafen gegründet wurde, ist inzwischen ins Visier der Stadtentwickler geraten. Im Wasser schaukeln statt farbiger Fischerboote immer schickere Segler und Yachten; an der Promenade drängen sich Cafés und Restaurants. Lauf um das Hafenbecken bis zum Ende der Mole *Jetée du Dragon:* was für ein Blick, besonders im frühen Morgenlicht! Die neue, moderne Promenade *Aldilonda* führt direkt vom Alten Hafen unterhalb der Bastion entlang, die einst als uneinnehmbar galt. Ein echtes Erlebnis ist es, wenn das Meer hier gegen die steilen Felsen peitscht!

TERRA NOVA (ZITADELLE)

Die Mauer um das Festungsviertel zogen die Genueser 1453, als Bastia Hauptstadt der Insel wurde. An der *Place du Donjon* steht noch der Turm der Bastille, der Bastia seinen Namen verdankt. In den sonnengelben Gouverneurspalast ist das Stadtmuseum ☂ *Musée de Bastia (Mai/Juni und Sept. Di–So, Juli/Aug. tgl. 10–18.30, Okt.–April Di–Sa 9–12 und 14–17 Uhr | musee.bastia.corsica | ◷ 2 Std.)* eingezogen. Der schönste Weg hinauf führt über die breite Treppe durch die hängenden Gärten des *Jardin Romieu* am Südufer des Vieux-Port.

KIRCHEN & KAPELLEN

Pompös und düster ist das Innere der Kirche *St-Jean-Baptiste,* die mit ihren zwei gelben Glockentürmen den Hafen dominiert. Ebenfalls in den Gassen hinter dem Hafen findest du die *Chapelle de l'Immaculée Conception,* genuesisches Prunkstück in Gold, rotem Samt und Marmor. Dem hl. Rochus, Schutzpatron der Pestkranken, wurde nach der Pest von 1598 die *Chapelle St-Roch* geweiht. Ein Schwergewicht in Silber birgt die Kathedrale *Ste-Marie* im Süden der Zitadelle. Erst nach dem Einwurf eines Euros zeigt sich die Madonna im Schrein in hellem Glanz. Die nahe *Chapelle Ste-Croix* ist ein Kleinod des Rokoko mit Putten und Rankenwerk. Sonntagnachmittags sind die Kirchen geschlossen.

ESSEN & TRINKEN

CHEZ VINCENT

In der Terra Nova Pizza, sehr gute traditionelle Gerichte und dazu ein toller Blick auf die Stadt und den Hafen. *In der Nebensaison So geschl. | 12, Rue St-Michel | Tel. 04 95 31 62 50 | Facebook: chez.vincent.1 | €–€€*

BABBU CAFFE

INSIDER-TIPP
Feiern unter Einheimischen

Auf der kleinen, schnuckeligen Piazza an der Rue Font Neuve, wohin sich kaum Touristen verirren, kannst du unter Platanen französisches Savoir-vivre genießen. Die rustikale Brasserie serviert Weine und Antipasti. Gleich gegenüber geht es im durchgestylten Restaurant Nova etwas schicker zu. *Tgl. | 3, Rue Fontaine Neuve | Tel. 04 95 36 79 77 | €€*

LE BISTROT DU MARCHÉ

Direkt am Marktplatz bekommst du hier mittags Thunfisch und Burger. Abends ist der Laden angesagt für Drinks und Musik. *Außer Juli/Aug. Mo geschl. | 5, Rue Jacques Faggianelli | Tel. 04 20 01 55 94 | @le_bistrot_du_marche_ | €€–€€€*

CAFÉ CASALE

Mittags wie abends ist der Andrang groß: Der Service ist schnell und freundlich, das Grünzeug frisch, das Fleisch bestens. Preis und Leistung stimmen! Abends Livemusik und Snacks. *Tgl. | 3, Rue Jean Casale | Tel. 04 95 31 34 25 | @cafecasale_bastia | €–€€*

GLACIER RAUGI

Seit drei Generationen verkauft die Familie das beste Eis Bastias. *Tgl. 9–1 Uhr | 2, Rue Chanoine Colombani | raugi.fr*

SHOPPEN

INSIDER-TIPP
Himmlische Genüsse

WOCHENMARKT

Samstag- und sonntagvormittags gastiert ein großer Wochenmarkt auf der Place du Marché neben der Kirche St-Jean-Baptiste. Dort kannst du die vielen korsischen Spezialitäten begutachten oder dich mit *migliacciola* stärken, dem dicken korsischen Pfannkuchen mit kräftigem Käse darin.

IMIZA – ÎLE DE BEAUTÉ

Biokosmetik von der hauseigenen Kräuterplantage am Cap Corse – aus den ätherischen Substanzen werden Körperöle, -lotionen und Parfums hergestellt. Zu kaufen u. a. bei der Parfumerie *Beauty Success (45, Boulevard Paoli). imiza.com*

U MUNTAGNOLU

Von der Decke hängen Schinken und Würste, in den Regalen stapeln sich Honig- und Konfitüregläser, sind Weinflaschen arrangiert: Korsikas Genüsse, vereint im Feinkosthimmel von Antoine Filipi. *15, Rue César Campinchi | umuntagnolu.com*

CONCEPT STORE MATTEI

Der Aperitif Cap Corse ist legendär, aber auch die anderen Brände, Obstweine, Liköre und Sirups der Firma Mattei sind ideale Mitbringsel, die du in dieser wunderbar altmodischen Boutique bekommst. *Tgl. 10–20 Uhr | 15, Boulevard Général de Gaulle | distilleriemattei.com/concept-store*

SPORT & SPASS

CORSICA LOISIRS AVENTURE

Der kleine Wassersportveranstalter macht (fast) alles möglich: Wildwasserspaß, Seekajaktörns oder Jetski, Delphinbeobachtung und Wracktauchen – Aktivkicks vom Feinsten! *3, Rue Notre Dame de Lourdes | Tel. 06 12 28 52 84 | Facebook*

LE CENTRE SPA

Bien-être heißt Wellness bei den Korsen. Das Programm in Bastia: Hot-Stone-Massagen, Packungen und Beautyrituale. *2, Rue Notre-Dame de Lourdes | Tel. 04 95 34 48 61 | centre-spa.fr*

STRÄNDE

Gen Norden beim Sportboothafen liegen kleine Kieselstrände. Im Süden

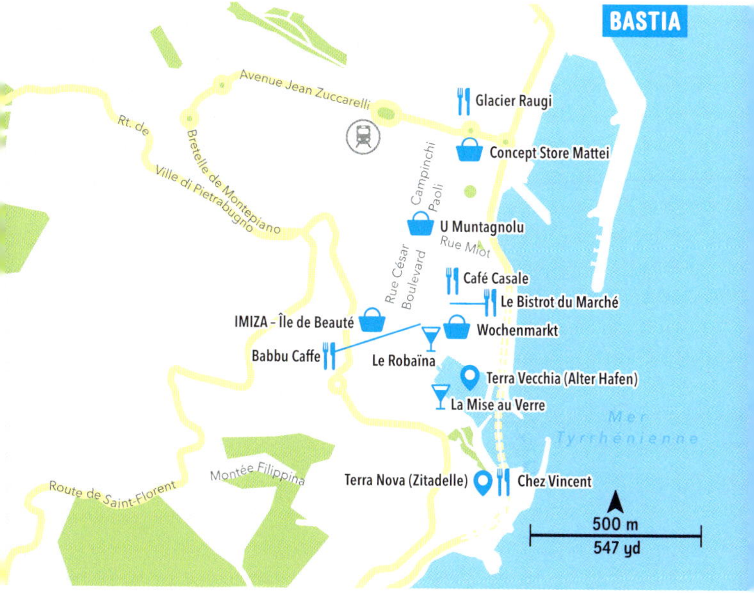

bildet der 10 km lange Sandstrand *Plage de la Marana* am Lagunensee Étang de Biguglia den Auftakt zu insgesamt 100 km Strandvergnügen bis nach Solenzara.

AUSGEHEN & FEIERN

LE ROBAÏNA

Auf nach Kuba, ins Land der legendären Robaina-Zigarre: Das ruhige Café wandelt sich abends zur stylishen Tapas- und Cocktailbar, die mit Salsa das Schmöken in der Zigarrenlounge versüßt. *3, Rue Fontaine Neuve*

LA MISE AU VERRE

Bar, Essen, Musik: Die gemütliche Weinbar mit kleiner Terrasse am alten Hafen serviert zu Tapas und tollen Tropfen – auch glasweise – regelmäßig Livemusik. *Quai Albert Gillio | Facebook: lamiseauverrebastia*

RUND UM BASTIA

1 SERRA DI PIGNO

15 km westlich von Bastia/30 Min. über die D 81 und den Col de Teghime

Vom 961 m hohen Gipfel von Bastias Hausberg guckst du über den gesamten Inselnorden! Zurück am Teghime-Pass könntest du noch ein wenig klettern gehen. Am *Monte Canarincu* lockt glatter Kalk mit senkrechten Kristalladern. Park am Pass und folg den Steigspuren! *G5*

INSIDER-TIPP
Kraxelabenteuer

2 BRASSERIE PIETRA

7 km südlich von Bastia/15 Min. über die T 11 bis Furiani

Das aus Kastanien gebraute Bier der Inselbrauerei ist längst ein Kultgetränk. Es gibt kostenlose Führungen auf Französisch mit anschließender Bierprobe. *Juli/Aug. Mo–Fr 9.30–12 und 14–17.30 Uhr | brasseriepietra.com |* *G6*

3 LA CANONICA

23 km südlich von Bastia/25 Min. über die T 11

Die pisanische Kirche mit hellem, mehrfarbigem Mauerwerk liegt neben der D 107 in der Nähe des Flughafens am Fluss. Die Innenbesichtigung ist nur nur im Rahmen einer Führung *(Mi und Sa 15 Uhr)* möglich. Umgeben ist das romanische Schmuckstück von Ausgrabungen der Römersiedlung *La Mariana (frei zugänglich)*. Fundgegenstände zeigt ein kleines *archäologisches Museum (Di–Fr 13–17, Sa 10–17 Uhr | musee-mariana.com).* *G7*

CAP CORSE

F–G 3–5 **Immer schön langsam: Die Fahrt um die Halbinsel Cap Corse ist zwar nur 100 km lang, doch extrem kurvig, sodass du einen ganzen Tag dafür brauchst. Im Sommer droht hier Stau. Außerhalb der Täler dominiert an der Ostküste monotone Macchia, nur im Westen ist die Landschaft etwas abwechslungsreicher.**

ZIELE AUF CAP CORSE

4 MIOMO, ERBALUNGA & MONTE STELLO

Die D 80 bringt dich durch moderne Vororte rasch hinaus aus Bastia. Bieg in Pietranera westlich auf die D 131 nach *San-Martino-di-Lota* ab – die Höhenstraße lohnt den Umweg! Auf der D 31 gehts zurück ans Meer und weiter nach *Miomo*: dunkelgrüne Schieferhäuser und Kieselstrand mit Wachturm – typisch Cap Corse. Am Cap Corse wird gern getaucht, ein halbes Dutzend Tauchschulen buhlt um Kunden. Unterwasserattraktion von Miomo: Nur 200 m vom Strand liegt in 20 m Tiefe das Flugzeug Republic P-47 Thunderbolt – gerade im Norden von Korsika findest du viele solche Kriegsveteranen in den Mittelmeerfluten. Mit dabei: die Maschine von Antoine de Saint-Exupéry, dem Autor des Klassikers „Der kleine Prinz".

INSIDER-TIPP
Einladung zum Wracktauchen

Hinter dem Wallfahrtsörtchen Lavasina zweigt die Zufahrt zum *Monte Stello* (1307 m) ab. Von Rozzo aus kannst du in drei Stunden auf den Aussichtsgipfel wandern. Richtig verträumt ist *Erbalunga:* Von dem verwinkelten Ort weiter nördlich, am Wasser auf Fels gebaut, ist bei klarem Wetter Elba zu sehen.

5 SANTA SEVERA & TOUR DE SÉNÈQUE

Seit fünf Generationen betreibt Familie Pieretti auf der *Domaine Peretti (April–Okt. und n. V. | Tel. 06 17 93 92 17 | Facebook)* in *Santa Severa* Weinbau

Aussicht so schön wie an einem Leuchtturm: die alte Mühle Moulin Mattei am Cap Corse

auf der Halbinsel – einige der Stöcke wachsen fast bis ans Meer heran. Winzerin Lina setzt auch heute auf einheimische Sorten und hat mit Alicante eine fast vergessene Rebsorte wiederbelebt, Star des roten Weins *A Murteta*. Sehr einladend: der Weinkeller. In Santa Severa kannst du über das Örtchen Luri und den Col de Ste-Lucie zur Westküste abkürzen. Am Pass angekommen, solltest du noch einen Abstecher planen und in etwa einer Stunde zum alten Genueserturm *Tour de Sénèque* wandern: Was für ein Ausblick!

INSIDER-TIPP
Alt, aber oho!

6 MACINAGGIO & BARCAGGIO

Größter Hafen der Halbinsel ist *Macinaggio*. Seit der Antike wurde dort Olivenöl verschifft. Olivenhaine umgeben bis heute alte, verstreute Bergdörfer wie *Rogliano* mit seinen acht Weilern, zu dem die schmale D53 hinaufführt. Die Bewohner der Halbinsel waren nicht nur Bauern und Händler, sondern auch gewiefte Schmuggler. Auf *sentiers douaniers* kontrollierten Zöllner einst tags wie nachts die Küste. Ihre Wege sind heute Wanderstrecken: Folg ihren Spuren von Macinaggio vorbei an einsamen Stränden bis *Barcaggio* (fünf bis sechs Stunden für die einfache Strecke). In der Hochsaison bringt dich nachmittags ein Zubringerboot von Barcaggio zurück nach Macinaggio – rechtzeitig online reservieren unter *sanpaulu.fr*.

7 MOULIN MATTEI

Der nächster Abstecher führt zur Werbeikone von Mattei. Der Aperitifhersteller machte ab 1930 jahrzehntelang Reklame mit einer 150 Jahre alten Windmühle. Zum Moulin Mattei führt ein rund zehnminütiger Spaziergang vom Pass Col de Serra aus. Der Ausblick reicht von der Insel Capraia im Osten vorbei an den fernen Gestaden Italiens bis hinunter nach Centuri-Port und hinauf bis zu Korsikas höchstem Berg, dem Monte Cinto. Sogar noch gewaltiger ist der Ausblick bei den 20 modernen Windrädern, die sich weiter oben drehen.

INSIDER-TIPP
Windige Aussichten

8 CENTURI-PORT

Der kleine Hafen ist allein schon seiner Schieferhäuschen und engen Gassen wegen einen Abstecher wert. Für Feinschmecker gibt es hier legendäre fangfrische Langusten, die nicht das Urlaubsbudget sprengen, z.B. im *U Cavallu di Mare (tgl. | am Hafen | Tel. 06 18 15 76 31 | €€–€€€)*. Mit seinem 14 m tiefen, fischreichen Wasser ist Centuri-Port auch der beste Tauchspot am Kap.

9 NONZA

Hinter Morsiglia windet sich die Straße an der felsigen Steilküste des Westkaps nach Süden und passiert den einzig echten Schandfleck am Kap: das 1965 stillgelegte Asbestwerk von Nonza. Der Abraum der Mine von Canari landete auf dem Strand – und machte den Strand von Nonza schwarz. So schön er auch aussieht: Lange (sonnen)baden wirst du hier sicher nicht – dazu ist es oft zu heiß und auch wenn der Abraum ungefährlich ist, bleibt ein mulmiges Gefühl zurück. Doch die Lage, der Blick und die sanfte Brandung machen die Bucht zu einer der beliebtesten der Insel.

Heute liegen im Hafen des schicken St-Florent mehr Yachten als Fischerboote

Dunkel sind auch die Schieferhäuser des Örtchens ★ *Nonza,* die sich in engen Gassen hoch über dem Meer drängen. Steil ziehen sich Terrassengärten und Weinberge am Monte Stavu empor: Mittelalteridylle – und früher voller Grauen. Hier wurde die Schutzpatronin Korsikas geboren – und hingerichtet: Die Christin Julia hatte sich geweigert, an einem heidnischen Fest teilzunehmen. Ihre Brüste wurden daraufhin abgeschnitten. An dieser Stelle sprudeln jetzt zwei angeblich wundertätige Quellen ... (dem Schild „Fontaine de Ste-Julie" folgen). Die *Église de Ste-Julie* ist Ziel einer Wallfahrt am 22. Mai. Eine Panoramabar par excellence ist das *La Sassa* (*in der Saison tgl. | Tour de Nonza | kein Tel. | castalibre.com/lasassa | €€*) ganz oben im Ort unterhalb des Turms mit bestem Ausblick, Sundowner, Livemusik und Essen für alle Geschmäcker und jeden Geldbeutel.

ST-FLORENT

F5-6 **Das St-Tropez von Korsika: Bescheiden ist ★ St-Florent nicht. Doch ein Fünkchen Wahrheit steckt schon drin in diesem Vergleich: Im Sommer wandelt sich der kleine Ort mit 1600 Ew. zum Hotspot gut betuchter Gäste.**

Im Yachthafen an der Aliso-Mündung dümpeln Boote aus aller Welt, Schlauchboot-Shuttles sausen zu den karibikgleichen Stränden der Agriates. Lokale mit korsischen Spezialitäten, Fischrestaurants und Cafés säumen den Hafenkai und die Altstadt im Schatten der kleinen Zitadelle aus dem 15. Jh., während sich Hotels vor allem an der nördlichen Einfahrtsstraße konzentrieren.

SIGHTSEEING

ÉGLISE SANTA MARIA ASSUNTA

Die frühere Kathedrale 1 km vom Zentrum an der D 238 nach Poggio-d'Oletta, um 1140 aus weißen Kalksandsteinquadern ebenmäßig gefügt, gilt als Musterbau der pisanischen Romanik. An gleicher Stelle hatten zuvor die Römer die Siedlung Nebbium gegründet. Drinnen ruht im gläsernen Sarg auf rotem Samt der Namensgeber für das heutige St-Florent: ein römischer Soldat, der als Christ unter Kaiser Diokletian 303 n. Chr. den Märtyrertod starb. *Häufig wechselnde Zeiten, Auskunft im Office de Tourisme*

ESSEN & TRINKEN

L'ARRIÈRE COUR

Herrlich im hübschen Hinterhof oder im Gewölbekeller sitzt du in diesem Restaurant am Hafen. Auf den Tisch kommt korsische Küche, du kannst aber auch nur eine *galette* – eine herzhafte Crêpe – bestellen. *Tgl. | Place Doria | Tel. 04 95 35 33 62 | Facebook | €€*

LA VISTA

Die angesagteste Cocktailbar von St-Florent serviert Drinks und Tapas zum Sonnenuntergang mit Blick auf die pittoresken Altstadthäuser, die windschief bis ans Meer heranreichen. *Tgl. | Place Doria | Tel. 07 72 29 27 50 | lavistastflorent.fr | €€€*

MAISON SALGE
Feige, Kastanie, Clementine, Honig, Zitronatzitrone oder *brocciu:* 50 eiskalte Eiskreationen, nicht billig, aber jeden Cent wert. *Tgl. 10–12.30 und 14.30–18.30 Uhr | Place de la Porta | maison-salge.com*

SHOPPEN

CLOS TEDDI
Weil das Weingut nur mit Vierradantrieb über Schotterpisten zu erreichen ist, können die Weine von Marie-Brigitte Poli auch im eigenen Laden in St-Florent verkostet werden. *Mitte April–Mitte Okt. tgl. 10–13 und 16–20 Uhr | an der D 81 | closteddi.fr*

POTERIE DU NEBBIU

INSIDER-TIPP
Schön gedreht!

Die Töpferei gehört zu den besten der Insel. Mach dir selbst ein Bild und schau Julien Truchon bei der Arbeit zu. Zu kaufen gibt es die Produkte natürlich auch. *Plaine d'Oletta (3 km südöstlich an der D 82 nach Oletta) | Tel. 06 18 52 79 51*

SPORT & SPASS

ALTORE
Klettergarten, Canyoning, Paragliding oder in die Luft gehen mit Ultraleichtflugzeugen oder einem fliegenden Schlauchboot: Outdoorerlebnisse mit Nervenkitzel. *An der Strandpromenade la Roya | Tel. 06 88 21 49 16 | altore.com*

JETSKI & ZODIACS
Ohne Führerschein durch die Fluten heizen: Das geht mit Jetskis und Schlauchbooten, die am Ufer des Aliso von diversen Anbietern vermietet werden, u. a. *Dominique Plaisance (Zodiac ab 170 Euro/Tag | dominiqueplaisance.fr)* und *Jet Evasion St Flo (Jetski ½ Tag ab 190 Euro | stflo-jetski.com).*

RUND UM ST-FLORENT

10 DÉSERT DES AGRIATES
20 Min. bis zur Plage du Lotu mit dem Boot ab Port de Plaisance
Heißer als das restliche Korsika ist dieses Naturschutzgebiet mit abenteuerlichen Felsformationen und abgelegenen kleinen Buchten, das sich ca. 30 km entlang der Küste gen Westen erstreckt. Dornig und voller Düfte: eine wilde „Wüste" mit herrlichen Stränden wie der *Plage de Saleccia* und der *Plage du Lotu.* In „Korsikas Karibik" gelangst du am besten per Boot *(Mai–Sept. | lepopeye.com).* E–F5

11 PATRIMONIO
8 km nordöstlich von St-Florent/ 15 Min. über die D 81
Rund um das Dorf am Rand des fruchtbaren Nebbio-Tals keltern die Winzer aus den drei alten Rebsorten Nielluciu, Vermentinu und Sciaccarellu in der AOC Patrimonio Spitzenweine. Besonders empfehlenswert sind die biodynamisch arbeitende *Domaine Giudicelli (short.travel/ksk16)* mit vorzüglichem Vermentinu und die *Cave Orenga de Gaffory (Verkostung Mai–Okt. tgl. 9–19 Uhr nach Anmeldung |*

Tel. 04 95 37 45 00 | orengadegaffory.com), deren Keller zugleich ein Raum für Kunst ist. *F5*

12 SAN MICHELE DE MURATO ★

17 km südlich von St-Florent/25 Min. über die D 82 und D 5

Die kleine spätpisanische Kirche steht einsam auf einer Wiese. Aus grünen Serpentin- und weißen Kalksteinblöcken schachbrettartig gefügt, ist sie die schönste der Insel. Bezaubernd naiv ist der Steinmetzschmuck: geometrische Muster, Blätter, Tiere ... und die Versuchung Evas. Nach dem Kunstgenuss der kulinarische: 4 km weiter bei Murato serviert – nur nach Reservierung! – das kleine, aber feine Bergrestaurant *Campo di Monte (Tel. 06 07 79 45 06 | lafermedecampodimonte.fr | €€€)* auf einem alten Gehöft aus Schieferstein Gerichte aus ausschließlich lokalen und saisonalen Produkten. *F6*

Wo Trauben Karriere machen: Die Winzer in Patrimonio keltern Spitzenweine

L'ÎLE-ROUSSE & BALAGNE

C–D 6–7 **„Rote Insel": Diesen Namen verdankt das Städtchen L'Île-Rousse den roten Porphyrfelsen der vorgelagerten Île de la Pietra, zu der heute ein Damm hinüberführt.**

Nationalheld Paoli ließ das einstige Fischerdörfchen 1758 zum Stützpunkt gegen Genua ausbauen – mit offenen Plätzen und rasterförmigen Straßen in Nord-Süd-Richtung. Mehrmals pro Stunde tuckert die Schmalspurbahn Micheline auf ihrer Fahrt nach Calvi die Bucht entlang. Der schmale Sandstrand vor der Promenade ist umgeben von Hotels und Campingplätzen. Landeinwärts erstreckt sich zwischen dem Regino Tal im Nordosten und dem Figarella-Tal im Südwesten die fruchtbare Hügellandschaft der Balagne: Walnuss- und Olivenhaine, Kastanienwälder und Gärten voller Zitronen und Orangen. Südlich von Calvi und Calenzana dehnt sich bis Galéria die *Balagne Déserte* aus, eine nahezu menschenleere Macchia, in der es mehr Ziegen und Schafe als Menschen gibt – die Tiere kommen im Winter vom Hochtal des Niolo hierher. Schon die Römer kultivierten das Land. Später lockten die wohlhabenden Orte und die gut bestellten Felder

Welcher ist der schönste? Rund um L'Île-Rousse lockt ein Strand nach dem anderen

die Sarazenen an. Die Bewohner flüchteten aus der *piaghja,* dem Flachland, in alte Dörfer auf den Hügeln. Die Industrialisierung beendete die Blüte der Balagne: Ende des 19. Jhs. sorgte die Landflucht für eine massive Entvölkerung. Trotz Tourismusboom und Förderung der Landwirtschaft sind Arbeitsplätze rar. Hoffnungen, aber auch Widerstand wecken Pläne für den Ausbau der Windkraft in der Balagne. Ausbaupläne gibt es auch für den Codole-Stausee am Regino, um die Bewässerung in regenarmen Jahren zu sichern.

SIGHTSEEING

PLACE PASCAL PAOLI

Die gute Stube der Stadt mit Terrassencafés, Palmen, Platanen und der Marmorbüste des Stadtgründers. Zu seinen Füßen wird jedes Jahr im September das internationale Pétanque-Turnier Challenge Pascal Paoli ausgetragen.

MARKTHALLE

Nördlich der Place Paoli schließt sich die Place du Marché mit der überdachten Markthalle aus dem 19. Jh. auf hohen Säulen an. Hier kannst du dir frisches Gemüse und leckere Erzeugnisse aus der Balagne holen – oder, schon morgens, die frischen Krapfen mit süßer und salziger Füllung, die eine Händlerin im Fett ausbackt.

INSIDER-TIPP
Frittiertes Frühstück

L'ÎLE DE LA PIETRA

Vorbei am Fährhafen kommst du auf einem Damm zum Genueserturm und zum *Phare de la Pietra.* Vom Leuchtturm aus blickst du bis zum Cap Corse!

ESSEN & TRINKEN

LE RENDEZ-VOUS

Erste Adresse seit 1903: Das familiengeführte, trendig verjüngte Restaurant

des Hotels L'Escale präsentiert sich mit hellem, modernem Mobiliar und einer modernen Aperitif- und Tapaskarte, serviert aber auch nach wie vor frische Meeresküche, korsische Traditionskost und traumhafte Desserts. *Tgl. | Rue Notre Dame | Tel. 04 95 63 01 70 | @lerendezvousilerousse | €€*

A SIESTA

Die Füße im Sand, der Tisch weiß eingedeckt. Schick und frisch ist die kreative mediterrane Küche dieses Strandrestaurants. Tolle Desserts! Mittagstisch *(formule midi)* mit zwei Gängen. Regelmäßig Musikabende. *Tgl. | Promenade de la Marinella | Tel. 04 95 60 28 74 | asiesta.corsica | €€*

SHOPPEN

BISCUITERIE SALVATORI

Die versteckt gelegene, kleine Bäckerei produziert typisch korsisches Kleingebäck wie etwa *canistrelli* und *tourtellini* von Hand. Es duftet schon lecker, wenn die Keksbleche zum Abkühlen ins Freie gebracht werden. *Mo–Sa 9–18, So 10–12.30 Uhr | Place du Canon*

LE BON CAFÉ

In der Kaffeerösterei von 1932 stapeln sich Jutesäcke mit Kaffee- und Teesorten aus aller Welt, umgeben von verführerischem Duft und einer Röstanlage. *Place Marcel Delaunay*

SCHMALSPURBAHN

Felsküste und feinster Sand im Wechsel: Gen Südwesten bringt dich die Schmalspurbahn *(train-corse.com | Hin- und Rückfahrt 12 Euro)*, *Micheline* oder *Trinighellu* genannt, zu den schönsten (Bade-)Buchten zwischen L'Île-Rousse und Calvi.

AUSGEHEN & FEIERN

LA CAVE

Gemütliche Weinbar. Morgens sitzen hier die Zeitungsleser beim Kaffee, abends Freunde korsischer Weine. *Di–Sa 7.30–23 Uhr | Place Pascal Paoli | Facebook: cavebaraviandes*

ZIELE IN DER BALAGNE

13 PARC DE SALECCIA

Dass Macchia keineswegs nur im Mittelmeerraum vorkommt, beweist der Park mit seiner *Ronde de Climats,*

INSIDER-TIPP **Botanische Weltreise** die durch die Vegetationszonen der Welt vom kalifornischen Chaparral bis zur Mallee im Süden Australiens führt. Macchia zum Mitnehmen – als Samen oder Pflanzen – verkaufen Irène und Bruno Demoustier in ihrer *Casa Fiurita (Di–Sa 8.30–12 und 14–17 Uhr | casafiurita.fr)* wenige Hundert Meter weiter. *April–Juni und Sept. Di–Sa 9.30–19, So 10–19, Juli/Aug. tgl. 9.30–19, Okt. Mi–So 10–18 Uhr | 5 km westlich von L'Île-Rousse | parc-saleccia.fr |* *D6*

14 PLAGE DE LOZARI

Richtig voll wird es im Sommer hier am nördlichsten Punkt der Balagne: Der herrliche Strand fällt so seicht ab, dass vor allem Familien ihn lieben. Ebenfalls top: der Blick auf den Monte Cinto im Rücken. *D6*

15 PLAGE D'OSTRICONI

Östlich von L'Île-Rousse mündet der Ostriconi in einer Lagune vor der weißen Plage d'Ostriconi. Zum Bad am Dünenband führt ein 20-minütiger Fußweg vom Campingplatz in Ogliastro oder eine Kraxelpartie vom Ende der Straße. Auf der anderen Seite des Flusses beginnt die Felswüste der Agriates. *D–E6*

16 BELGODÈRE

Ein Fort bewacht das alte Dorf über dem grünen Tal des Flüsschens Prato. Ebenfalls von früherer Zeit zeugen die alte Mühle und die Ruinen des Klosters Madunuccia. Von hier aus führt die D 71 als aussichtsreiche Hochstraße mit weitem Blick über das fruchtbare Regino-Becken und die Staumauer des Lac de Codole bis nach Lumio. *D6*

17 SPELONCATO

Schönstes Balagne-Dorf ist für viele Speloncato, dessen Häuser sich in 550 m Höhe um einen aufragenden Felsen drängen. Am Dorfplatz steht das Palais des Kardinals Savelli, heute einziges Hotel des Orts. Wer auf der D 63 bis zur Passhöhe Bocca di Battaglia hochfährt, kann urkorsisch und aussichtsreich im *A Merendella (Ostern–Okt. tgl., im Winter nur Sa/So mittags | Tel. 06 23 24 93 65 | @amerendella | €€)* essen. Für seine frische, lokale Küche verarbeitet Stéphane meist Zutaten aus eigener Produktion. So gestärkt, gehts in zweieinhalb Stunden hin und zurück auf den Monte Tolu. *D7*

18 FELICETO

Seit fünf Generationen lassen die Familienwinzer der *Domaine Renucci (Mai–Sept. tgl. 10–12 und 15.30–18.30, Juli/Aug. bis 19 Uhr | domaine-renucci.com)* ihre sechs korsischen Rebsorten mit zwei weiteren mediterranen Sorten flirten. Heraus kommen köstliche trockene Tropfen in Weiß, Rosé und Rot und ein natürlicher Süßwein. *D7*

19 CORBARA

Strahlend weiß überragt die barocke Stiftskirche die ehemalige Hauptstadt (980 Ew.) der Balagne, die vom Castel de Corbara weite Blicke bis zum Meer eröffnet. Am Kirchplatz hat Guy Savelli im *Petit Musée (tgl. 15–18 Uhr)* allerlei

Objekte zur Geschichte Korsikas gesammelt: Karten, Bücher und Bilder, Musikinstrumente sowie Pergamentbriefe und -zeichnungen aus dem 12. bis 17. Jh. D6

20 PIGNA ★

Das Dorf mit gerade mal 100 Ew. hat sich mit Kultur vor dem Niedergang gerettet: Mit der Gründung der Corsicada, der Genossenschaft der Kunsthandwerker Korsikas in den 1960er-Jahren, begann die rurale Renaissance. Maler, Keramiker und Bildhauer haben ihre Ateliers geöffnet: Schau ihnen doch mal über die Schulter! Ein Verein zur Förderung traditioneller Musik organisiert von hier aus ein ganzjähriges Musikprogramm mit dem Festival *Festivoce (voce.corsica/voce/festivoce)* als Höhepunkt, das im Juli das Auditorium mit Künstlern, Musikwissenschaftlern und einem begeisterten Publikum füllt.

Stimmungsvoll speist man auf der Terrasse der *Casa Musicale (im Sommer tgl. | Tel. 04 95 61 77 31 | casa-musicale.corsica | €€€)* unter den Sternen – im Sommer nach dem Essen manchmal Konzert. Die Küche versteht sich auf Lamm, Wildschwein, Zicklein, alles köstlich gewürzt. C–D6

21 SANT'ANTONINO ★

Ein ganz eigener Zauber geht vom ältesten korsischen Dorf aus, das wie aus dem Fels gewachsen in 500 m Höhe auf einem Gebirgskamm liegt. Park auf dem Großparkplatz neben der Kirche und erkunde das Dorf zu Fuß auf schmalen Treppenwegen, die bis zu den Mauerresten der Festung

Kunsthandwerker haben dem Künstlerdorf Pigna neues Leben eingehaucht

hinaufführen. Die örtlichen Restaurants bieten eine wunderbare Aussicht.

Nur wenige Schritte vom Parkplatz schenken Olivier und seine *maman* Monique Antonini im *Clos Antonini (Tel. 04 95 61 76 83)* frisch gepressten Zitronensaft aus selbst angebauten Früchten ins Glas. Genieß die Erfrischung im kühlen Gastraum an einem riesigen Holztisch oder draußen auf der Terrasse. Außerdem gibts Hauswein, Zitronenwein, Konfitüren – und zur Weinlese presst Olivier eine leckere *mélange* (Trauben- plus Zitronensaft).

Was man in Sant'Antonino auf keinen Fall verpassen darf, ist eine Panoramawanderung zum *Monte Sant'Angelo* (526 m). Rechne mit zweieinhalb Stunden für den Hin- und Rückweg. Los geht es am Parkplatz neben der

Kirche. Entlang der Strecke erwarten dich Weitblicke in XXL!

5 km südwestlich in *Lavatoggio* kannst du dich im *Chez Edgard (mittags geschl. | Tel. 04 95 61 70 75 | chez-edgard.fr | €€)* mit einem authentischen Menü verwöhnen lassen – eine Karte oder einzelne Gerichte gibt es nicht, aber frische Produkte und freundlichen Service. *D6*

22 MONTEMAGGIORE

Aus dem Dorf hoch über dem Fiume-Secco-Becken mit wunderschönen Ausblicken bis über Calvi hinaus und auf die Monte-Grosso-Bergkette stammt die Mutter des größten Verführers der Weltgeschichte: Don Juan. Noch grandioser ist die Aussicht vom Salvi-Pass (509 m) 5 km nördlich.

5 km östlich in *Lunghignano* kannst du bei *U Fragnu (ufragnu.fr)* feinstes Olivenöl verkosten und kaufen. Eselsgeduld beweist das Grautier, das in der alten Ölmühle den Mühlstein dreht und zeigt, wie einst Oliven zu Öl gepresst wurden.

Das sonst eher verschlafene *Montegrosso* 4 km westlich von Montemaggiore feiert in der zweiten Julihälfte für zwei Tage mit Hunderten Besuchern die *Fiera di l'Alivu.* Beim großen Olivenmarkt gibt es neben preisgekröntem Olivenöl Käse, *charcuterie* und Backwerk, aber auch Handwerkliches wie Schnitzereien aus Olivenholz, Schmuck oder Töpferprodukte. *C7*

23 CALENZANA

Lecker! Mit Macchiahonig und den Weißweinküchlein *cusgiulelle* bietet der Bilderbuchort (2300 Ew.) inmitten der Oliven- und Mandelhaine am Fuß des Monte Grosso die richtige Stärkung für alle an, die auf dem Hochgebirgsweg GR 20 oder der Route Mare e Monti Nord nach Cargèse wandern. *C7*

24 OCCI

Wie sich hier wohl früher einmal das Leben abgespielt hat? Um 1300 waren Bauern hier hinaufgezogen, überdrüssig der Überfälle und Kämpfe an der Küste. Die Granithäuser sind längst verfallen. Einzig die Dorfkirche konnte dank einer Spendenaktion von Schauspielerin Laetitia Casta gerettet werden – die Familie ihres Vaters stammt aus dem Nachbardorf Lumio. Nicht nur die Aura des Orts, auch das Panorama lohnt den halbstündigen Aufstieg von der D 71 oder vom Parkplatz des Hotelrestaurants A Casa di Mà in Lumio. Lass den Blick schweifen – vom Capu Cavallu über den Golf von Calvi, die Marina von St-Ambroggio und, bei klarer Sicht, bis zum Cap Corse.

Danach heißt es schlemmen mit den Füßen im Sand: Das Restaurant *Le Matahari (Mo, Okt.–April auch abends geschl. | Tel. 04 95 60 78 47 | lematahari.com | €€€)* 5 km westlich von Occi am Arinella-Strand serviert Fisch und Seafood mediterran oder asiatisch inspiriert direkt am Meer: einfach magisch bei Kerzenschein! Der Patron des Lokals *Le Pain de Sucre (im Winter abends geschl. | Tel. 04 95 60 79 45 | le-pain-de-sucre.com | €€)* etwas weiter an der Plage de Sainte-Restitude fängt noch selbst Fisch und Meeresfrüchte und wirft sie auf den Grill.

Wer sich mit korsischen Wildpflanzen Gutes tun will, findet im *L'Astratella (Juli–Sept. tgl. 10–12 und 14–19, sonst Mo–Sa 14–19 Uhr, im Winter nur auf Anmeldung | astratella.com)* etwas abseits der T30 kurz hinter Lumio Richtung Calvi ätherische Öle aus eigener Produktion, pur und in Massageölen. *C6*

CALVI

C6–7 **Hier wurde Christoph Kolumbus geboren – wird jedenfalls in ★ Calvi (5500 Ew.) behauptet. Das ist zwar nicht bewiesen, aber möglich: Als der Entdecker um 1451 in der Republik Genua geboren wurde, stand die Festungsstadt noch unter genuesischer Herrschaft.** Der Mythos macht die Stadt nur noch attraktiver: Hell leuchtet der Granit der imposanten Zitadelle über dem Blau des Meers. An der Hafenpromenade flicken Fischer wie früher ihre Netze. Dahinter drängen sich Boutiquen und Bars in Flaniergässchen. Sanft abfallender Sandstrand säumt die gesamte Bucht von Calvi. Wer kleinere Strände sucht, nimmt die Schmalspurbahn Micheline nach L'Île-Rousse, die an vielen Badestellen hält.

SIGHTSEEING

HAFENVIERTEL LA MARINE

Am Quai Landry drängen sich Restaurants und Cafés, davor legen die Ausflugsboote ab. Hinter der *Tour du Sel,* die für die Verteidigung der Hafenspeicher strategisch wichtig war und später als Salzlager diente, liegt der ehemalige Fähranleger. Davor bieten die Fischer morgens ihren Fang an. Abends trifft man sich auf dem Vorplatz der Kirche Ste-Marie-Majeure.

Herrlich bummeln und essen lässt es sich in den engen Gassen von Calvi

ZITADELLE

Einziger Zugang zur Zitadelle ist eine Zugbrücke, neben der das Konterfei von Kolumbus hängt. Von seinem angeblichen Geburtshaus in der Carrughju Di U Filu ist nur wenig erhalten: Die Engländer zerschossen es 1794 bis auf wenige Überreste. Auf der Plakette ist das Geburtsjahr 1436 notiert – und damit ein anderes als in den Annalen.

Der ehemalige Gouverneurspalast beherbergt die letzte Abteilung der Fremdenlegion auf der Insel. Folg dem markierten Panoramaweg durch das Labyrinth schmaler Treppen, Gassen und Durchgänge. Vorbei an hohen Häusern, die mit dem Felsen verwachsen scheinen, leitet er dich zu tollen Ausblicken auf die Bucht, die Berge und die Halbinsel La Revellata.

Als lichter Kuppelbau thront die Kathedrale *St-Jean-Baptiste* über der Place d'Armes. Im Innern ruht – schwarze Haut, silbernes Lendentuch – der sogenannte Christ des Miracles in der Vitrine. Er soll das Ende der türkischen Belagerung herbeigeführt haben. Zum Dank wird der schwarze Christus am Karfreitag durch die Straßen getragen.

ESSEN & TRINKEN

LE TIRE BOUCHON

Auf der Karte des kleinen Lokals mit hübscher Terrasse kann man unter 35 Weinen und köstlichen Kleinigkeiten wählen – mit ihrem Konzept haben die jungen Besitzer Erfolg. *Mitte März–Mitte Okt. tgl. | 15, Rue Clemenceau | Tel. 04 95 65 25 41 | €€*

L'INTER

Das Poolrestaurant des Camping International ist unter den Calvais als preiswerte Alternative zu den Lokalen in der Innenstadt bekannt: die vielleicht besten Pizzen der Stadt, gutes Fleisch vom Grill und große Salatteller. *Mittags geschl. | Avenue Christophe Colomb | Tel. 04 95 65 01 75| @calvi_inter | €*

U FANALE

Raffinierte korsische Küche unter den alten Pinien auf der Terrasse oder im Speisesaal mit Blick auf die Landspitze La Revellata und die Bucht von Calvi. *Tgl. | 1 km außerhalb an der Route de Porto | Tel. 04 95 65 18 82 | Facebook: restaurantufanale | €€*

SHOPPEN

In der Markthalle gibt es täglich Produkte aus der Balagne, am Fischerhafen ab 8.30 Uhr Fisch.

ANNIE TRAITEUR

Eine Institution: beste korsische Produkte und frisch zubereitete Köstlichkeiten zum Mitnehmen. *5, Rue Clemenceau | annietraiteurcalvi.com*

CORSICA BEAUTY

INSIDER-TIPP
Korsika für die Nase

In Calvi hat Corsica Beauty die Aromen der Macchia eingefangen, als Raumspray fürs Heim oder Parfum für die Haut. *2, Rue Millie | corsicabeauty.com*

LE MOULIN ATRIUM

Die liebevoll restaurierte Mühle von 1853 an der T30 nach Lumio ist eine

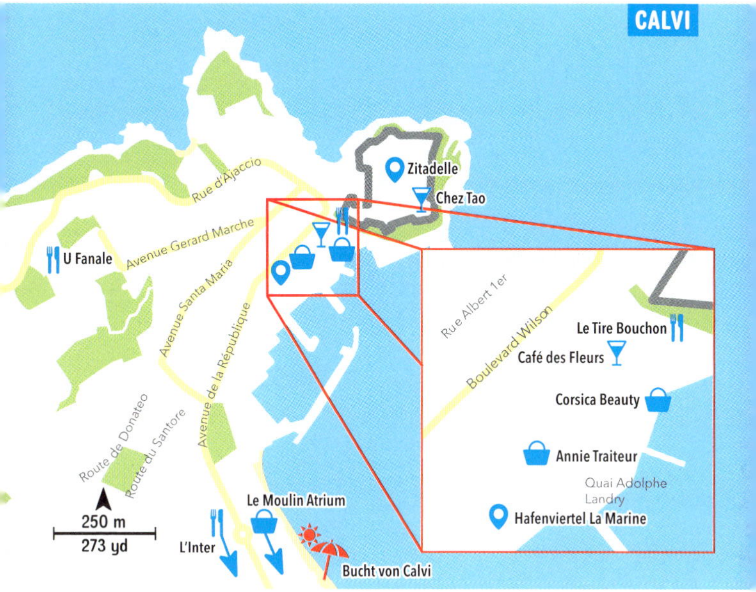

Schatzkammer: Dicke Würste baumeln von der Decke, Konfitüre, Wein und *canistrelli* füllen die Regale, Kunsthandwerk aus Ton und Glas stapelt sich auf Tresen und Tischen. Es gibt *charcuterie* zum Mitnehmen und für den schnellen Kick Kaffee vor Ort. *moulinatrium.com*

BOOTSAUSFLÜGE

Ein Ausflug zur *Grotte des Veaux Marins* an der Halbinsel La Revellata führt in eine bizarre Grotte mit glasklarem Wasser. 60 km lang ist der Törn nach *Girolata,* vorbei an der wilden Halbinsel Scandola. Der Halbtagesausflug nach *La Scandola* kostet ab 80 Euro, der Tagestrip nach Girolata zum Baden ab 100 Euro. Weitere Touren führen um die Agriates *(4 Std. | ab 80 Euro),* in den Golf von Calvi und zur Halbinsel La Revellata *(2 Std. | ab 35 Euro),* die zweistündige Sunset Cruise zur Pointe de la Revellata ist ab 45 Euro zu erleben. *Tel. 07 87 13 59 97 | calvi-evasion.com* | *B6*

AUSGEHEN & FEIERN

CHEZ TAO

Als der Livemusik-Club 1935 öffnete, war er der erste Nachtclub der Insel. Er lockte die Stars jener Zeit an, darunter Jacques Higelin, der das Lokal mit seiner „Ballade de Chez Tao" unsterblich machte. Genieß den Sonnenuntergang bei einem Cocktail auf der Terrasse! *Juni–Sept. tgl. | Rue St-François | Facebook*

CAFÉ DES FLEURS

Klein, eng, voll und Kult: Im kleinen Eckcafé mit Patio trifft man sich zu

Wein und Tapas bei Tony Guglielmacci. Der Patron ist Sänger und Gitarrist und lädt gerne Kollegen zum Konzert. *Tgl. | Place du Marché | Facebook: leca fedesfleurs*

RUND UM CALVI

25 NOTRE-DAME DE LA SERRA

5 km südwestlich von Calvi/10 Min. über die D 81b

Calvis schönster Sunset-Spot! Oberhalb der Klippenküste thront die Kapelle mit ihrer riesigen Statue der Jungfrau Maria auf einem Hügel und eröffnet traumhafte Rundblicke: tief unten die Stadt und der weite Golf, vor den Bergspitzen im Inselinnern ein Friedhof mit stattlichen Familiengräbern in den Hügeln der Balagne. Dann senkt sich die Nacht und taucht das Land in ein Dunkel, in dem Calvi so funkelt, als wolle es den Sternen Konkurrenz machen. Schnellste und schönste Zufahrt: auf der D 81b vorbei an bizarren *tafoni,* erodierten Granitblöcken. Auch schön: Hinter dem Super-U-Supermarkt führt der Chemin de la Serra in knapp zwei Wanderstunden (hin und zurück) bis zur Bergkirche. *B7*

INSIDER-TIPP
Kurzpilgern zur Hügelmadonna

26 CIRQUE DE BONIFATU

23 km südlich von Calvi/35 Min. über die D 81 und D 251

An Pinien, Erdbeerbäumen und uralten Buchen vorbei wanderst du im Talkessel von Bonifatu, den 2000 m hohe Berge umgeben. Am Forsthaus (Bezahlparkplatz) beginnt der Auf-

Im Fango-Tal kannst du zur Abwechslung auch mal in Süßwasser schnorcheln

stieg entlang des Figarella-Bachs zum Felsenmeer *Chaos de Bocca Rezza.* Hinter Roncu, wo sich mehrere Wanderwege kreuzen, wird der breite Weg zum schmalen Pfad. Auf einer wackeligen Hängebrücke überquerst du den Torrent de Ladroncellu und genießt noch ein wenig die Kühle im Kiefernwald. Anschließend geht es bis zur Kreuzung mit dem GR 20 steil bergauf zur hervorragend ausgestatteten Schutzhütte *Refuge de Carrozzu* mit Paradeblick auf die knapp 2000 m hohe Punta Innominata. In wenigen Minuten erreichst du von dort die wohl malerischste, aber auch abenteuerlichste Hängebrücke der Insel: die *Passerelle de Spasimata* in 1230 m Höhe. Geh besser nur maximal zu zweit drauf! Rechne mit insgesamt rund sieben Stunden hin und zurück und geh nur bei stabilem Wetter los: Bei Schlechtwetter gibt es unpassierbare Furten!

Die *Auberge de la Forêt (April–Sept. | am Ende der Straße nach Bonifatu | Tel. 09 70 35 05 25 | auberge-foret-bonifatu.com | €–€€)* serviert rustikale Bergküche, Kaffee und Kuchen und hält Schlafsäle für Wanderer bereit. C7–8

27 FANGO-TAL ★

38 km bis Galéria südlich von Calvi/ 1 Std. über die D 81b

Schöner als die schnelle Hinterlandverbindung ist die kurvige Küstenstraße D 81b ins Dörfchen *Galéria,* das nur zur Hauptsaison ein wenig wach wird. Dann erholen sich Wanderer von ihrer Mare-e-Monti-Tour auf dem breiten Kieselstrand des Badeorts am Ausgang des Fango-Tals. Die Mündung des Flusses ist ein Unesco-Biosphärenreservat, in dem zwischen Hunderten weißen Seerosen Blesshühner mit ihren Küken leben, Schildkröten sich auf Baumstämmen sonnen und Haubentaucher, Reiher und Eisvögel über die Wasseroberfläche fliegen. Die Natur zu Füßen des alten Genueserturms von Galéria entdeckt man am besten im Paddelboot – Einer- und Zweierkajaks vermietet *Delta du Fangu (Juni–Aug. tgl. 10–18, Sept. 10–17.30 Uhr | Tel. 06 22 01 71 89 | delta-du-fangu.com).* In der gleichnamigen Residenz liegt das einzige Tauchzentrum der Region: *L'Incantu (Tel. 04 95 62 03 65 | incantu.com)* bietet Unterwasserabenteuer vom Capo Mursetta bis Scandola an.

Abkühlung bieten auch die vielen Badegumpen im Fango-Tal; Wagemutige stürzen sich hinter dem Örtchen Tuarelli von 8 m hohen Felsen ins klare Gebirgswasser. Geübte Bergsteiger erklimmen am Talende die 2525 m hohe Paglia Orba und den 2335 m hohen Capu Tafunatu. B–C8

SCHÖNER SCHLAFEN IM NORDEN

DAS HAST DU DIR VERDIENT

In den 124 Familien- und Einzelbungalows oder 30 Wohnzelten im *Feriendorf zum störrischen Esel (an der T 30 | Tel. 04 95 65 98 00 | stoerrischeresel.com | €€)* nur 300 m vom Strand ist vor allem Erholung angesagt. Wer will, kann aber auch geführte Wander- und E-Bike-Touren oder Yogakurse buchen.

DER WESTEN

KORSIKAS WILDE SEITE

Im Westen Korsikas fallen die Berge steil ins Meer. Feuerfelsen, einsame Buchten und feinste Sandstrände reihen sich in dieser wilden Landschaft aneinander. Rau und zerklüftet sind die Buchten und im Küstenabschnitt zwischen Galéria und Sagone nur per Boot zu erreichen – wie etwa das Unesco-Weltnaturerbe La Scandola, eine vulkanische Halbinsel.

Südlich von Porto hat die Witterung die Felslandschaft so bearbeitet, dass die Calanches de Piana entstanden, eine bizarre Wunderwelt

Stein in allen Größen, Formen und Farben: an der Plage de Ficajola

der Fabelwesen aus feurigem Fels – eine grandiose Landschaft und Korsikas Weltnaturerbe Nummer zwei.
Gen Süden wird die Küste sanfter, in Cargèse atmet man Griechenlandflair – und in der nächsten Bucht holt dich die mondäne Atmosphäre der Inselhauptstadt ein: Ajaccio – hier lebt der Napoleonkult, flaniert man unter Palmen und genießt das südliche Savoir-vivre.

DER WESTEN

MARCO POLO HIGHLIGHTS

★ **MARKT VON AJACCIO**
Was für Farben, Düfte! Markttag in Korsikas Hauptstadt! ➤ S. 73

★ **GOLF VON PORTO**
Steile Felsen, versteckte Buchten und feine Sandstrände ➤ S. 66

★ **CALANCHES DE PIANA**
Feuerrote Felsen, bizarr geformt ➤ S. 67

★ **CAPU ROSSU**
Weitblicke auf Welterbe-Landschaften ➤ S. 67

★ **LA SCANDOLA**
Hier haben die Naturgewalten ein Meisterwerk geschaffen ➤ S. 68

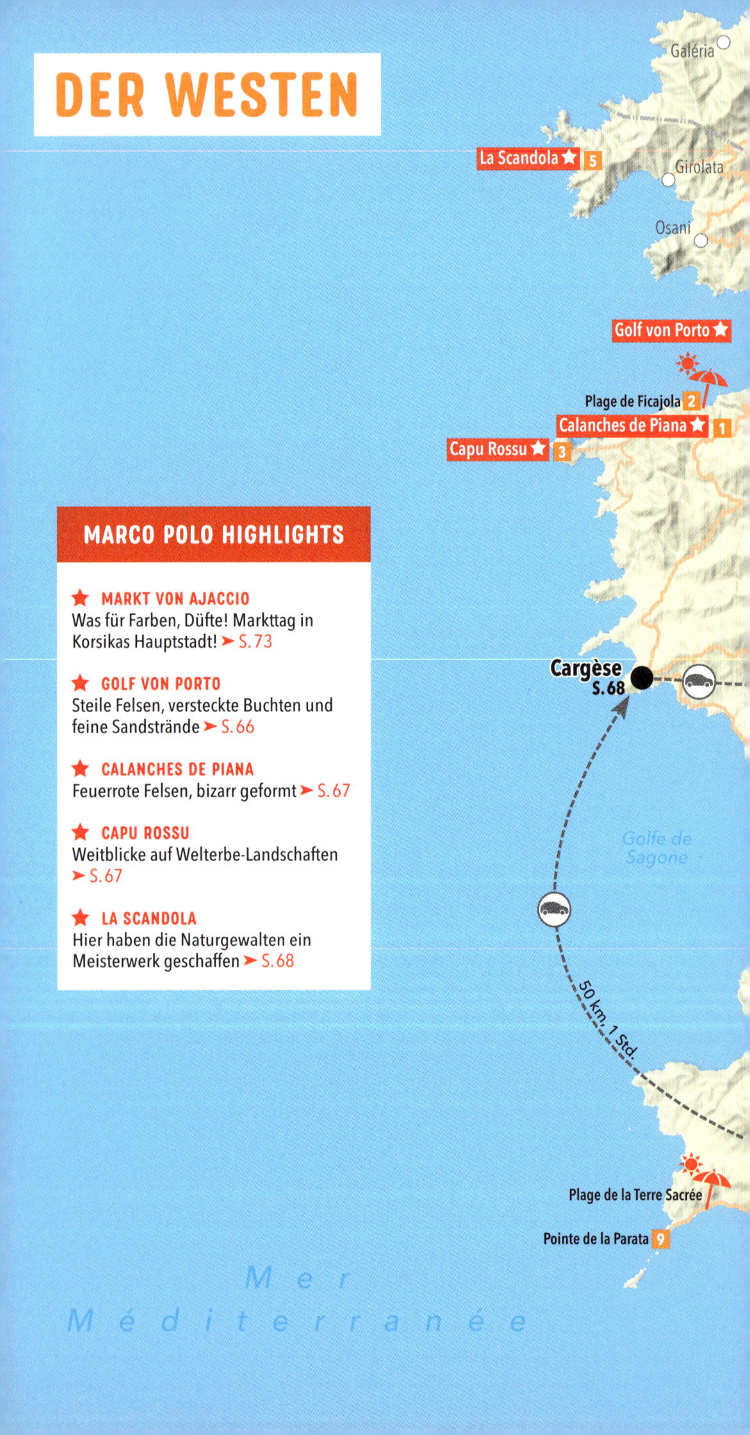

Bardiana
Corscia
Calacuccia
Albertacce
Casamaccioli
Serriera
HAUTE-CORSE
Porto
S. 66
Ota
4 Gorges de Spelunca
Cristinacce
Marignana
Letia
Soccia
Guagno
Vico
6 Quellgebiet des Liamone
30 km, 40 Min.
Muna
Pastricciola
Cruciate
Salice
Rezza
Sagone
Lopigna
Sant Erasmu
Busso
Ambiegna
T20
Tavera
Sari-d'Orcino
Vero
La Liscia
7 Cinarca
Carbuccia
Ucciani
Calcatoggio
10 A Cupulatta
Peri
11 Bastelica
80 km, 2 Std.
Afa
T20
Pedi Morella
Tolla
Castagnola
11 Gorges du Prunelli
Ocana
T22
CORSE-DU-SUD
8 Les Milelli
Bastelicaccia
Cauro
Ajaccio
S. 70
Guitera
T40
Markt von Ajaccio
Campo
Frasseto
Corrano
12 Porticcio
Azilone-Ampaza
Golfe d'Ajaccio
Molini
Albitreccia
T40
Urbalacone
Zigliara
5 km
3.11 mi
12 Golf von Ajaccio

Zerklüftete Welt aus Stein: hoch über dem Golf von Porto in den Calanches

PORTO

B9 **Bizarre Felsen rahmen die noch recht einsame Küste am ★ *Golf von Porto* ein, Felsinselchen ragen in den badewarmen Fluten auf. Roter Granit, grüne Macchia und blaues Meer bilden eine Kulisse, die sich im Wechsel des Lichts stetig ändert.**

In die Farben des Unesco-Weltnaturerbes fügen sich die Urlaubsdomizile von Porto aus rotem Granit so harmonisch ein, dass die Bilderbuchidylle bewahrt wurde. Doch in den Gassen des Dörfchens, offiziell ein Ortsteil des Bergdorfs Ota, wimmelt es im Sommer von Besuchern in den Hotels, Bars und Boutiquen.

Die Hafeneinfahrt an der Mündung des Flusses schützt ein mächtiger Genueserturm, der im Innern die Geschichte dieser Wachtürme erzählt. Am anderen Ufer rollt laut die Brandung auf einen 500 m breiten Kiesstrand aus, den Eukalyptusbäume säumen – der nächste Sandstrand ist weit.

ESSEN & TRINKEN

LE BELVEDERE

Logenplatz über dem Hafen: Bar und Restaurant vereint die große Panoramaterrasse unterhalb des Genueserturms mit freiem Blick auf Ort und Bucht. Aus der Küche kommen korsische und internationale Klassiker. *April–Okt. tgl. | Tel. 04 95 26 12 01 | hotel restaurant-lebelvedere-porto.com* | *€-€€*

L'USTERIA

Urig und ab vom Schuss: 6 km nördlich im Bergdorf *Serriera* kannst du typisch korsisch essen – alles hausgemacht und viele vegetarische Gerichte. *Mittags geschl. | Tel. 06 17 55 90 51 | aubergealivi.com | €€*

RUND UM PORTO

1 CALANCHES DE PIANA ★

10 km westlich von Porto/20 Min. über die D 81

Südlich von Porto beginnen die Calanches, eine Landschaft aus eigentümlich geformten Felsen, die auch die Küstenstraße bis nach Piana säumen. Am schönsten ist es, die roten Granitformationen zu Fuß zu entdecken. Dann begegnen dir phantastische Wesen aus Fels wie *tortue* (Schildkröte), *aigle* (Adler) oder *cœur* (Herz). Besonders spektakulär ist die Szenerie am frühen Abend, wenn das letzte Licht der Sonne die Felsen feuerrot färbt, ehe sie sich langsam ins Meer verabschiedet.

In *Piana,* neben Porto zweiter Hauptort am Golf mit vielen Ferienwohnungen, Geschäften und Lokalen, kannst du im Hotel *Les Roches Rouges (tgl. | Tel. 04 95 27 81 81 | lesrochesrouges.com | €€€)* direkt auf den Felsen stimmungsvoll im Ambiente der 1930er-Jahre essen. *B9*

2 PLAGE DE FICAJOLA

18 km westlich von Porto/30 Min. über Piana

Kurz hinter Piana zweigt von der Küstenstraße die Route de Ficajola ab – schon die Fahrt ist ein Erlebnis. Sie führt hinunter zu einem Parkplatz am Ende der Straße, von wo es zu Fuß steil hinabgeht. Dann erreichst du einen Traumstrand: Eingebettet in rote Felsen, gesäumt von feinen Granitkieseln, fällt er rasch tief ins Meer. Beim Schwimmen blickst du auf die einzigartige Kulisse des Golfs. Paradiesisch! *B9*

3 CAPU ROSSU ★

20 km westlich von Porto/40 Min. über Piana

Am Capu Rossu thront mehr als 300 m über dem Meer an einer senkrecht abfallenden Felswand der *Turm von Turghio* über der Südspitze des Golfs von Porto. Hin führt dich eine mittelschwere, dreistündige Wanderung (7 km), bei der am Ende etwas gekraxelt wird. Der Trampelpfad startet am Parkplatz mit Bar an der D 824 ca. 6 km hinter Piana. *A9*

4 GORGES DE SPELUNCA

8 km östlich von Porto/15 Min. über die D 124

Fast senkrecht fallen die Berge in die wildromantische Schlucht ab, die zwei Flüsschen hier in den Fels gegraben haben. Folg von Ota aus dem Weg der Schäfer, heute Teil des Weitwanderwegs Tra Mare e Monti, nach Évisa (hin und zurück fünf Stunden). Unterwegs kommst du an mittelalterlichen Bogenbrücken wie dem *Pont de Zaglia* vorbei und kannst in herrlich erfrischende Badegumpen springen. Bequeme fahren nach Évisa, laufen bergab durch die Schlucht und nehmen zurück ein Taxi. *C9*

5 LA SCANDOLA ★

Nur als Bootsrundfahrt/ab Porto 2½ Std.
Auf der Halbinsel nisten Fischadler auf den roten Felsen. Rote Edelkorallen wachsen in den glasklaren Fluten, Zackenbarsche schwimmen umher. Das Betreten der Küste ist streng verboten, Ranger patrouillieren und prüfen die Einhaltung der Auflagen, die Frankreichs ältestes Naturschutzgebiet – und Unesco-Weltnaturerbe – schützen. So konnte La Scandola einen Lebensraum bewahren, der andernorts längst zerstört ist. Boote dürfen tagsüber einfahren, Ausflüge starten in Galéria *(ab 45 Euro | visite-scandola.com)*, Porto *(55 Euro | scandola-girolata-piana.com)* und Calvi *(ab 100 Euro | calvi-evasion.com)*. *A–B8*

CARGÈSE

B10 ***Kaliméra!* Griechische Migranten, die vor den Türken vom Peloponnes flüchteten, fanden 1774 am Nordende des Golfs von Sagone eine neue Heimat.**

Mit weiß getünchten Häusern, griechischer Kirche und orthodoxer Ostermontagsprozession ist Hellas noch immer lebendig in dem malerischen 1000-Ew.-Städtchen. Zwei Fernwanderwege beginnen hier: Mare e Monti Nord und Mare a Mare Nord.

SIGHTSEEING

KIRCHEN

Seit dem 19. Jh. stehen sich die griechisch-orthodoxe *Église St-Spiridon* mit sehenswerten Ikonen und die katholische, in neobarockem Stil erbaute *Église de l'Assomption* gegenüber. Der Pfarrer hält den Gottesdienst abwechselnd in der einen oder der anderen.

ESSEN & TRINKEN

BEL MARE

Nustrale ist eine Schweinerasse, die nur auf Korsika zu finden ist: Hier im Bel Mare kannst du Gerichte aus diesem Fleisch probieren. Oder soll es lieber Meeräschen-Tatar, Thunfisch oder Lamm sein zum Paradeblick auf die Küste von der Terrasse hoch über Cargèse? *März–Nov. tgl. | D 81 | Tel. 04 95 26 40 13 | belmare.net | €€*

LE CABANON DE CHARLOTTE

INSIDER-TIPP Korsischer Abend

Hafenlokal zum Wohlfühlen mit köstlicher Fischküche. In der Hauptsaison spielen jeden Donnerstag bei der *Soirée Corse* lokale Künstler und Bands. *April–Nov. tgl. | im Yachthafen | Tel. 06 81 23 66 93 | €–€€*

STRÄNDE

Traumhafte Sandstrände sind *Chiuni* und *Peru* nördlich des Orts sowie im Süden *Ménasina, Capizollu* und die *Plage de Stagnoli*. Letztere ist ein durch Felsen zweigeteilter, familienfreundlicher Sandstrand.

RUND UM CARGÈSE

6 QUELLGEBIET DES LIAMONE

27 km bis Vico östlich von Cargèse/ 35 Min. über die D 81 und D 70

Keine Malaria, keine Piraten: Mehr Argumente brauchten die Bischöfe nicht, um anno 1572 ihren Sitz von Sagone nach *Vico* bergauf zu verlegen. An der D 23 gibt es 3 km östlich von Vico an der Brücke herrliche Badebecken im Liamone. In Murzo biegt die D 4 Richtung Muna ab. Je tiefer sie in die Bergwelt vordringt, desto abenteuerlicher wird sie.

Das einst verlassene Dorf *Muna* erlebt einen neuen Frühling: Ehemalige Dörfler verlegen wieder ihren Wohnsitz hierher, Häuser werden als Ferienunterkünfte instand gesetzt, kurz: Das Leben kehrt nach und nach zurück. Erkunde das Bergnest auf steinigen Wegen und Treppen und fahr dann via Rosazia und Salice zum Fluss Cruzzini mit seinen herrlich erfrischenden Badebecken!

Auf der D 23 erreichst du via Guagno-les-Bains das hübsche Dorf *Soccia* auf einem Bergsporn über tiefen Schluchten. Am Parkplatz oberhalb des Dorfs beginnt eine großartige Höhenwanderung: Folg dem markierten Weg hinauf zum *Lac de Creno*, der in knapp zwei Stunden (300 Höhenmeter) zu erreichen ist. Um den Bergsee im Wald liegen wunderschöne schattige Plätze zum Picknicken.

INSIDER-TIPP
Waldpause

C-D10

Golden schimmernde griechisch-orthodoxe Pracht: St-Spiridon in Cargèse

7 CINARCA

27 km südöstlich von Cargèse/ 35 Min. über die D 81

Terrassen, auf denen Trauben, Oliven und Zitrusfrüchte wachsen, dichte Macchia und kleine Dörfer voller Flair und Geschichte wie *Sari-d'Orcino, Calcatoggio* und *Casaglione:* Das ist die Cinarca, das hügelige Hinterland der Bucht von Sagone. Korsikas höchstgelegenes Weingut, *Clos d'Alzeto (clos dalzeto.com)* bei Sari, steht für Spitzenweine. *C11*

BADEORTE AM GOLF VON SAGONE

25 km bis La Liscia südöstlich von Cargèse/30 Min. über die D 81

In der weiten Bucht reiht sich ein kleines Badeörtchen an das nächste, alle mit Wassersportangeboten, Strandbars und entsprechender Infrastruktur: *Sagone* mit der Ruine der Kathedrale Sant'Appiano oberhalb der Sagone-Mündung, Eisgna, San Giuseppe, Liamone, Stagnone, Lava ... Und *La Liscia*, von wo dich *Corsic'Adventure (Tel. 06 07 76 99 30 | corsicadventure.com)* mitnimmt zu Gleitschirmflügen im Tandem oder rasanten Jetski-Fahrten. Hunger? Dann genieß Hummer, Langusten, fangfrischen Fisch oder Fleisch vom Holzkohlegrill auf der Terrasse des *L'Ancura (April–Sept. tgl. | Tel. 04 95 52 20 96 | Facebook: Lancura | €)* am Hafen von Sagone, Bucht und Berge fest im Blick.
B10–11

INSIDER-TIPP
Strandvergnügen und Nervenkitzel

AJACCIO

B–C12 **Mehrspurige Zufahrten, Hochhäuser, Prachtbauten, Häfen – und überall wird gebaut: Ajaccio boomt! Kaum zu glauben, dass die Inselhauptstadt nur 73 000 Einwohner hat. Umgeben von Bergen und Buchten, vibriert Korsikas größte Stadt mit quirliger Lebendigkeit und Lebenslust.**

Bummeln unter Palmen entlang prächtiger Boulevards, die Aromen und Düfte der Insel während der Markttage auf der Place Foch schnuppern, wie die Einheimischen in der Rue Cardinal Fesch und auf dem Cours Napoléon shoppen – lass dich durch die engen Gassen treiben zwischen hohen Häusern in warmen Gelb- und Terrakottatönen. Die Bars und Restaurants der Altstadt sind bis tief in die Nacht hinein besetzt.

Kaiser Napoleon I. prägt das Straßenbild seiner Geburtsstadt, sein Erbe ist allgegenwärtig in der Cité Impériale, in der das Parlament für gesamtkorsische Angelegenheiten seinen Sitz hat, die Assemblée de Corse. Noch nie wollten die Korsen so wirklich von Paris aus regiert werden und streben immer mehr in Richtung Autonomie.

SIGHTSEEING

PLACE MARÉCHAL FOCH

In römischer Toga und mit Lorbeerkranz blickt ein marmorner Napoleon eiskalt von der Mitte des Löwenbrunnens aus auf den *Petit Train,* der von hier zu Rundfahrten startet. Der palmenumstandene Platz verbindet Altstadt und Hafen, Grandezza und Volkstümlichkeit.

MAISON BONAPARTE

Das Haus der Familie Bonaparte, in dem Napoleon I. zur Welt kam und von wo er durch eine Falltür im Dunkel der Nacht fliehen musste. Weltgeschichte hautnah ... *April–Sept. Di–So 10–12.30 und 13.15–17.30, Okt.–März 10.30–12.30 und 13.15–16.30 Uhr | 3, Rue St-Charles | short.travel/ksk7 | 1 Std.*

NOTRE-DAME DE LA MISÉRICORDE

160 m entfernt von seinem Geburtshaus wurde Napoleon hier 1771 getauft. Kurz vor seinem Tod auf St. Helena äußerte er den Wunsch, in der Kathedrale mit mächtiger Kuppel aus dem 16. Jh. beigesetzt zu werden, falls Paris seinen Leichnam ablehne. *Mo–Sa 8–11.30 und 14.30–17.45, So 8–11.30 Uhr | Rue Forcioli-Conti*

ZITADELLE

Die Zitadelle von 1492 wird nach jahrelangem Stillstand nach und nach für Besucher geöffnet. Erster Mieter: Das Kunstcafé *Ghinghetta Vostra (Juni–Aug. tgl. 9–20 Uhr | @ghinghetta_vostra)* mit schönen Plätzen im Freien. Millionen kosten die Boote, die zu Füßen der Zitadelle im Yachthafen vertäut liegen. Und mittendrin: die Trawler der Fischer, am besten zu sehen von der Mole *Jetée de la Citadelle!*

INSIDER-TIPP
Malerisch maritim

PALAIS FESCH

Porträts der Familie Bonaparte, italienische Werke und korsische Kunst zeigt die Sammlung, die Napoleons Onkel, Kardinal Fesch, seiner Heimatstadt vermacht hat. Aus den Erlösen, die die Sammlung nach dem Tod des Kardinals erzielte, finanzierte Napoleon III. den Bau der kaiserlichen Grablege Chapelle Impériale nebenan. Er selbst ruht allerdings in Saint Michael's Abbey im englischen Farnborough ... *Mai–Okt. tgl. 9.15–18, Nov.–April tgl. 9–17 Uhr | 50, Rue Fesch | musee-fesch.com* | *1 Std.*

PLACE D'AUSTERLITZ

Imposanter geht es nicht: Über einem Sockel und einer Treppe mit 50 Stufen erhebt sich die größte Napoleon-Statue der Insel und listet auf einer Tafel alle seine Siege auf. Von oben auf den Stufen hast du einen tollen Blick über Stadt und Bucht! In der dahinter liegenden Grotte soll Napoleon als Kind gern gespielt haben.

Rauf und runter geht es in den Gassen von Ajaccios Altstadt

ESSEN & TRINKEN

L'AUBERGE AJACCIENNE

Authentisch und frisch lautet das Credo von Noël Comelli, der in der Altstadt ausschließlich Inselküche serviert: korsische Forellen, *beignets aux courgettes* (Zucchinikrapfen), Zicklein mit Polenta und *fondant à la chataîgne*, warme Kastanienküchlein. *Mittags geschl. | 4, Rue Bonaparte | Tel. 06 09 76 64 57 | Facebook: lauberge.ajaccienne | €€*

LE 20123

Komplett mit Dorfbrunnen und geparkter Vespa bildet das Interieur das Dorf Pila-Canale nach, dessen Postleitzahl Namensgeber war. Gekocht wird nach authentischen Rezepten. *So-Mittag, Nov.–März auch Mo-Abend geschl. | 2, Rue du Roi de Rome | Tel. 04 95 21 50 05 | 20123.fr | €€*

DA MAMMA

Hier genießen Einheimische korsische Gerichte von Ziege oder Lamm, Fisch- und Nudelgerichte – und freuen sich über das sehr gute Preis-Leistungs-Verhältnis. *Mo-Mittag und So geschl. | Passage de Gunighetta | Tel. 04 95 21 39 44 | €-€€*

L'IMPÉRIALE

INSIDER-TIPP
Süffig & lokal

Was die vier Schulfreunde neben der Maison Bonaparte seit 2015 brauen, ist allerfeinstes korsisches Craftbier, zu dem es rustikale Gerichte gibt, Pasta, Burger und Salate – drinnen neben den kupfernen Braukesseln oder draußen auf der kleinen Terrasse. *So/Mo geschl. | 5, Rue Zevaco Maire | Tel. 06 29 60 43 39 | Facebook | €*

SHOPPEN

MARKT ★ ⚑
Der schönste Markt Korsikas, eine bunte, duftende Fülle einheimischer Produkte, in der *Halle Gourmande* gibt es außerdem Fisch, Fleisch und die passenden Weine dazu zur Vor-Ort-Verköstigung. *Di–So, im Sommer tgl. 7–13 Uhr | Place Campinchi*

BOULANGERIE GALEANI
Kleine Köstlichkeiten und süße Leckereien – hier gibts Ajaccios besten Süßkram. Mit Plätzen in der Fußgängerzone. *3, Rue Cardinal Fesch*

LA MARGE
Gut sortiert und eine Fundgrube für Korsika-Literatur: Die beste Buchhandlung der Insel präsentiert regelmäßig lokale Autoren. *4, Rue Emanuel Arène*

NINE
Francesca Benvenuti hat erst die Welt bereist, dann eines der ersten trendigen Modelabels der Insel begründet. Nine steht für tragbaren Schick, lässig und doch gut angezogen – perfekter Urlaubslook von der Insel! *8, Rue Bonaparte | nine-collection.com*

FLOHMARKT
Antikes, Neues und schräge Vögel – unbedingt erlebenswert! *So 9–12 Uhr | Boulevard Pascal Rossini*

STRAND

Schönster Hausstrand Ajaccios ist die *Plage de la Terre Sacrée* 8 km westlich der Stadt mit feinem Sand und Paradeblick auf die Îles Sanguinaires.

AUSGEHEN & FEIERN

RUE ROI DE ROME
Party People glühen in dieser engen Altstadtgasse und deren Seitenstraßen vor. Etwas ruhiger geht es auf der parallel verlaufenden *Rue Bonaparte* und dem engen Sträßchen *Rue de la Porta* zu.

CASINO
Poker, Roulette und einarmige Banditen kennst du. Aber Craps? Das Glücksspiel mit dem Würfel ist Kult im Casino. Die Nacht verlängert *L'Entre Acte (Do–Sa | Facebook: Lentracteclub)* mit Pianobar und Diskothek. *Tgl. 13–3 Uhr | Boulevard Pascal Rossini*

RUND UM AJACCIO

8 LES MILELLI
5 km nordwestlich von Ajaccio/ 15 Min. über die D 61

Das ehemalige Landgut der Familie Bonaparte mit Olivenhain ist heute ein botanischer Garten, der Umwelterziehung und Sozialarbeit verknüpft. Das Arboretum stellt korsische Bäume vor, der Lehrgarten macht Schüler mit der Landwirtschaft vertraut und ver-

Phantastische Aussichten: Ein genuesischer Turm wacht über der Landspitze La Parata

sorgt Bedürftige. Während der *Journées du Patrimoine* stellen Führungen das Projekt vor. *Frei zugänglich* | *B12*

9 POINTE DE LA PARATA

12 km westlich von Ajaccio/25 Min. über die D 111

Der Sunset Spot! Vom Wachturm der Landspitze blickst du auf die *Îles Sanguinaires*. Als schwarze Silhouette zeichnen sich die vier Inseln vor dem blutroten Himmel ab – Romantik pur! Warum die Pointe de la Parata unter Naturschutz steht, verrät dir ein Naturlehrpfad, der am Parkplatz beginnt. Ebenfalls am Parkplatz: der Anleger der Fähren zum Archipel.

Wer gut zu Fuß ist, packt ein Picknick und die Wanderkarte IGN Top 25 ein und folgt dem Höhenweg *Sentier des Crêtes* auf dem Kamm der Küstenberge von Ajaccio zur Landspitze: duftende Macchia, Steinskulpturen und tief unten das Meer (hin und zurück ca. fünf bis sechs Stunden). Zum Startpunkt am Bois des Anglais bringt dich die Buslinie 7, zurück die Buslinie 5. *B12*

10 A CUPULATTA

23 km nordöstlich von Ajaccio/35 Min. über die T20

An der T20 Richtung Bastia liegt diese Aufzuchtstation für Schildkröten. 170 Arten aus allen Kontinenten sind zu bestaunen, darunter auch die korsische Hermann-Schildkröte. In der Mittagshitze verstecken sich die Tiere – komm am besten so früh wie möglich. Nach dem Besuch ist Zeit für ein Picknick am nahen Fluss. *Mitte Mai–Mitte Sept. tgl. 9–18, April–Mitte Mai und Mitte Sept.–Mitte Nov. tgl. 10–17 Uhr* | *acupulatta.com* | *C–D11*

11 BASTELICA & GORGES DU PRUNELLI

40 km bis Bastelica nordöstlich von Ajaccio/50 Min. über die T40 und D27

Vorbild für Shakespeares Othello war Sampiero Corso, der 1497 in dem Bergdorf inmitten von Kastanienwäldern geboren wurde, wo der Nationalheld heute als Bronzestatue kämpferisch den Säbel zückt. Sein Schwager hatte ihn ermordet: Blutrache! Koste die *charcuterie,* für die Bastelica berühmt ist, oder gönn dir eine Holzofenpizza im *Chez Paul (So-Abend und außer Sa/So mittags geschl. | Stazzona | Tel. 04 95 28 71 59 | chez-paul-restaurant.business.site | €).* Wild, steil und stellenweise sehr, sehr eng sind die *Gorges du Prunelli:* Bizarr ausgewaschene *tafoni*-Felsen sind Hingucker in der Schlucht unterhalb von Bastelica, die du im Auto auf der D 3 oder beim Wandern auf schmalen, unmarkierten Saumpfaden entdecken kannst. Der Fluss hat hier tiefe Schluchten gefräst, ehe er bei Tolla aufgestaut wird. *D11*

12 PORTICCIO & GOLF VON AJACCIO

18 km bis Porticcio südlich von Ajaccio/30 Min. über die T40 und D55

Ist das voll hier! Aber auch wunderschön: feiner Sand, Strandbars, Wassersportangebote, weite Blicke – und ein Bootsshuttle verbindet Porticcio in 20 Minuten mit der Hauptstadt. Ruhiger wird's nur ganz im Norden der Plage de Porticcio. Die Strände von *Ruppione* und *Agosta* sind perfekt für Surfer. Einmalig schön ist die Fahrt über die D 55 in die Wälder und über die Pässe entlang des südlichen Golfs bis zum Robinson-Crusoe-Strand Cala d'Orzo am Capu di Muru. In der AOP Ajaccio dominiert die Sciaccarellu-Traube. Melissa und Eloïse vom Weingut *Clos Capitoro (Route de Sartène | clos-capitoro.com)* in *Pisciatello* keltern daraus kraftvoll-elegante Rote. *C12–13*

SCHÖNER SCHLAFEN IM WESTEN

LUXUS, GANZ LÄSSIG

Privatstrand und Klippenpool, alle Zimmer mit Balkon oder Terrasse, kreative Schlemmerküche und das alles mit Fifties-Flair, stylish ins 21. Jh. katapultiert: *Dolce Vita (32 Zi. | Route des Sanguinaires | Tel. 04 95 52 42 42 | hotel-dolcevita.com | €€€)* – der Name für das Hotel in *Vignola* 10 km westlich von Ajaccio passt!

DAS BERGLAND IM INNEREN

ALPINE WILDNIS IM MITTELMEER

120 Gipfel von über 2000 m Höhe formen das Herz der Insel. Geologisch gehören sie zu zwei Massiven: Im Nordosten das jüngere, kleinere Schiefermassiv, das auch das Cap Corse bildet und etwa auf der Linie L'Île-Rousse–Corte–Solenzara in einem Grabenbruch endet. Sein höchster Berg, der San Petrone, misst 1767 m. Größer, höher und imposanter ist das Granitmassiv, das die Insel von Nordwesten nach Südosten durchzieht. Erst Gletscher, dann Flüsse haben die Landschaft geformt mit schroffen, an anderer Stelle glatt

Geschafft! Auf dem 2134 m hohen Monte Incudine

polierten Felsen, tiefen Schluchten und ausgewaschenen Gumpen. Schwarzkiefern, Kastanien und Buchen klammern sich an den Fels und Mufflons staksen über die Geröllfelder des Monte Cinto (2706 m), des höchsten Gipfels Korsikas. Selbst im Hochsommer kann hier das Wetter schnell umschlagen und Kälte, heftige Gewitter und sogar Hagel und Schnee mit sich bringen. Die vier wichtigsten Pässe an den Eingängen ins Hochland – Col de Vergio, Col de Verde, Col de Vizzavona und Col de Bavella – sind im Winter oft unpassierbar.

DAS BERGLAND IM INNEREN

MARCO POLO HIGHLIGHTS

★ **CASCADES DES ANGLAIS**
Kristallklare Wasserfälle mit Badebecken ➤ S. 88

★ **LAC DE NINO**
Picknicken an einem Gebirgssee ➤ S. 83

★ **SCALA DI SANTA REGINA**
Wilde Granitschlucht, spektakuläre Serpentinen ➤ S. 82

★ **HOCHPLATEAU VON COSCIONE**
Mufflons, Wildpferde und scheinbar endlose Weite bis zum Monte Incudine ➤ S. 91

★ **POZZI DU RENOSU**
Feuchtwiesen im Hochtal, durchzogen von glucksenden Rinnsalen ➤ S. 91

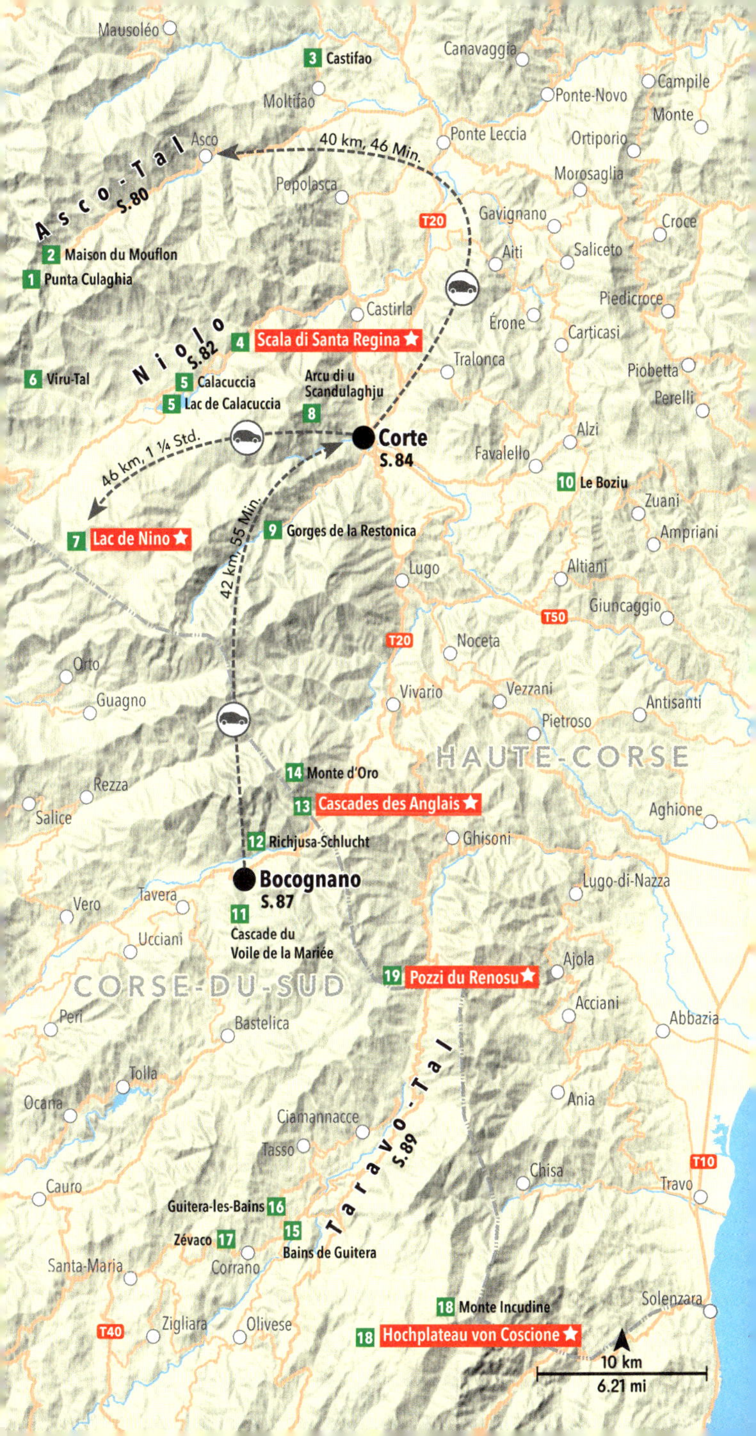

Mausoléo
3 Castifao
Canavaggia
Moltifao
Campile
Ponte-Novo
Monte
40 km, 46 Min.
Ponte Leccia
Ortiporio
Asco
Asco-Tal S.80
Popolasca
Morosaglia
T20
Gavignano
Croce
Aiti
Saliceto
2 Maison du Mouflon
1 Punta Culaghia
Piedicroce
Castirla
Érone
Carticasi
Niolo S.82
4 Scala di Santa Regina
Tralonca
Piobetta
6 Viru-Tal
5 Calacuccia
Arcu di u Scandulaghju
Perelli
5 Lac de Calacuccia
8
Alzi
Corte S.84
46 km, 1 ¼ Std.
Favalello
10 Le Boziu
Zuani
Ampriani
42 km, 55 Min.
9 Gorges de la Restonica
7 Lac de Nino
Lugo
Altiani
Giuncaggio
T50
T20
Noceta
Orto
Guagno
Vivario
Vezzani
Antisanti
Pietroso
HAUTE-CORSE
14 Monte d'Oro
Rezza
13 Cascades des Anglais
Aghione
Salice
12 Richjusa-Schlucht
Ghisoni
Bocognano S.87
Lugo-di-Nazza
Tavera
Vero
11 Cascade du Voile de la Mariée
Ucciani
Ajola
19 Pozzi du Renosu
CORSE-DU-SUD
Acciani
Peri
Abbazia
Bastelica
Tolla
Ocana
Ania
Ciamannacce
Tasso
Taravo-Tal S.89
T10
Chisa
Cauro
Travo
Guitera-les-Bains 16
15 Bains de Guitera
Zévaco 17
Corrano
Santa-Maria
18 Monte Incudine
Solenzara
T40
Zigliara
Olivese
18 Hochplateau von Coscione
10 km
6.21 mi

ASCO-TAL

D-E 7-8 **Zum Auftakt ein 10-km-Canyon: Die Gorges de l'Asco bilden den dramatischen Zugang zum nördlichsten der Hochgebirgstäler.** Die D 147 führt gut 30 km durch die abgeschiedene Gegend zum Talkessel zu Füßen des Monte Cinto (2706 m). *Haut-Asco* ist Ziel der dritten Etappe des GR 20. Von dort bietet sich der Aufstieg (ca. fünf Stunden) auf Korsikas höchste Spitze an.

Einziges Dörfchen im Tal ist *Asco* mit gut 100 Einwohnern, die wie etwa *Mathieu Guidoni (1, Rue Paggiola | asco-miel-des-neiges-guidoni-mathieu.net)* aromenreiche Honige aus Lavendel, Rosmarin und anderen Wildblüten gewinnen und vor Ort verkaufen, die Milch der halbwilden Ziegen und Schafe zu Käse verarbeiten und vom Tourismus leben. In steilen Kehren windet sich die Straße dann hinauf und endet an der Skistation von Haut-Asco auf 1450 m Höhe, umgeben von Zweitausendern. Wilde Mufflons leben im Forst, seltene Bartgeier und Steinadler kreisen am Himmel. Wildnis pur!

INSIDER-TIPP
Berggenuss!

ZIELE IM ASCO-TAL

1 PUNTA CULAGHIA

Eine der schönsten Wanderungen im Asco-Tal führt dich in rund sechs Stunden über die 2034 m hohe Punta Culaghia und wieder zurück. Sie beginnt am Parkplatz des Chalet du Haut-Asco. Hinter den Stelzenhütten des Refuge de Stagnu ist der Wanderweg rot-weiß in den Farben des GR 20 ausgezeich-

Korsikas höchste Gipfel immer im Blick: unterwegs im Asco-Tal

net. Der steile Aufstieg im Schatten des duftenden Kiefernwalds ist extrem schweißtreibend. Nach 30 Minuten ist die Baumgrenze erreicht, nach einer weiteren Stunde und leichter Kraxelei (trittsicher und schwindelfrei solltest du sein) die *Bocca di Stagnu* mit traumhafter Aussicht – gen Westen ins Fango-Tal, gen Osten ins Asco-Tal. Von hier könntest du auf einem Schlenker den nördlich gelegenen Gipfel *A Muvrella* (2148 m) in Angriff nehmen – plan rund anderthalb Stunden dafür ein.

Der Hauptweg führt am Grat entlang weiter nach Süden. Die Markierungen sind rot-weiß oder grau übermalt, weil dieses Wegstück keine offizielle GR-20-Etappe mehr ist. Stellenweise ist der Weg zwischen Schotter, Geröll, Felsen und Steinplatten kaum zu erkennen. Doch die Orientierung hin zur Punta Culaghia heißt einfach: auf der Höhe bleiben. Der Gipfel ist nicht besonders markant, der Blick umso spektakulärer: vor dir die Felsnadeln der Punta Stranciacone, daneben der Monte Cinto, in der Ferne das Meer.

Nach einem kurzen Aufstieg zur Brèche de Missoghiu beginnt bereits der Abstieg. Durch eine Felsrinne gelangst du zum oberen Ende eines Skihangs. Steil führt er hinab. Im Frühjahr verdecken Schneefetzen das lose Geröll: Vorsicht! Weiter bergab erscheint wieder die rot-weiße Markierung des GR 20. Vorbei an imposanten Schwarzkiefern erreichst du wieder den Ausgangspunkt der Wanderung. *D8*

2 MAISON DU MOUFLON

Das Mufflon ist der Star des Heimatmuseums an der D 147 direkt an der Skistation, das Tiere, Pflanzen und bäuerliches Erbe vorstellt – mit 1½ km langem Naturlehrpfad. *Sommer tgl. 10.30–17.30, Winter 14.30–17.30 Uhr nur an Tagen, an denen der Skilift in Betrieb ist | asco.corsica | D8*

3 CASTIFAO

Am südlichen Ortsausgang des kleinen Dorfs in einem nördlichen Seitental steht die von außen unscheinbare Klosterruine *St-Francesco de Caccia* von 1569. Als der Friedhof zu klein wurde, begannen die Bewohner, ihre Verstorbenen in der ausgedienten Kirche zu beerdigen. Ein Blick durchs Hauptportal verschafft Gänsehaut-Feeling. *E7*

ESSEN & TRINKEN

L'ACROPOLE

Rustikaler Gasthof in *Asco* mit bodenständiger guter Küche. Ein Pool mit Bergblick macht das Wandererglück komplett. Auch einfache Gästezimmer. *April–Okt. tgl. | Tel. 04 95 47 83 53 | acropole-asco.com | €–€€ | D7*

LE CHALET D'ASCO

Das Traditionshaus hoch oben im Tal begeistert Wanderer und Biker mit guter, reichhaltiger Küche in allerbester korsischer Tradition. *Tgl. | Haut-Asco | Tel. 04 95 47 81 08 | hotel-lechalet-asco.com | € | D8*

SPORT & SPASS

IN TERRA CORSA

Rafting, Canyoning, Wasserwandern, Tyrotrekking (Wandern mit Klettersteigpassagen) und im Winter Skischule, Biathlon und Schneeschuhwandern: *In Terra Corsa (Route de Calvi | Ponte Leccia | Tel. 04 95 47 69 48 | interracorsa.com)* verleiht Ausrüstungen und bietet geführte Touren an – auch für Familien mit Kindern. *E7*

NIOLO

D–E 8–9 **Stolz ragt die Paglia Orba über dem Hochtal des Niolo auf, das Korsikas längster Fluss durchfließt: der Golo. Ins Gebiet der Hirten kommst du nur auf der D 84: von Westen über den 1477 m hohen Pass Col de Vergio, von Osten durch die Scala di Santa Regina.** Beim Wandern werden dir neben unzähligen Schweinen auch immer wieder halbwilde Ziegen und Schafe begegnen – das Niolo ist die größte Sommerweide der korsischen Hirten.

INSIDER-TIPP
Unbedingt mal kosten!

Deren Milch verarbeiten sie zu einem sehr weichen, würzigen Rohmilchkäse. Den 400 g schweren Niolu bekommst du nur in den fünf Dörfern der Hochebene. Hol ihn dir für ein Picknick!

ZIELE IM NIOLO

4 SCALA DI SANTA REGINA ★

Unten der Golo, oben die Gipfel: Die „Treppe der heiligen Königin" windet sich abenteuerlich eng an den Felsnasen der wild zerklüfteten Schlucht vorbei. Unterwegs auf der D 84 mal anhalten kannst du am besten an der Quelle Funtana Vignente oder 500 m talabwärts an einer größeren Parkbucht. Bergauf erreichst du einen Maultierpfad, bis 1889 die einzige Verbindung aus dem Niolo nach Osten. *E8*

5 CALACUCCIA & LAC DE CALACUCCIA

Du willst ausgiebig wandern oder mountainbiken? Dann quartier dich im kleinen Dorf Calacuccia ein – dort kannst du nach deinen Touren auch im gleichnamigen Stausee schwimmen! Der Stausee, in dem sich die Bergwelt wunderschön spiegelt, liefert seit 1968 Strom aus Wasserkraft und bewässert die östliche Küstenebene. Rundherum führt eine 9 km lange Panoramastraße. Unterhalb des Sees solltest du nicht im Golo baden: Wird Wasser abgelassen, ergießt sich eine gefährliche Flutwelle talwärts. Ein junges Paar serviert im Gastropub *Auberge U Fucaghjolu (tgl. | Tel. 04 20 57 11 82 | Facebook: Auberge uFucaghjolu | €–€€)* in Calacuccia authentische korsische Küche. *D8–9*

6 VIRU-TAL

Die *Paglia Orba* (2525 m) ist schwer zu bezwingen. Einfacher genießen kannst du „Korsikas Matterhorn" bei einer Wanderung in der Vallée du Viru, die du von Albertacce auf der D 318 über Calasima erreichst. Stell den Wagen ab, wo die Straße unwegsam wird, und wandere in rund 40 Minuten zur *Grotte des Anges* auf 1226 m: Ein überwältigender Blick eröffnet sich hier! Wer bis zur Bergerie de Ballone weiterwandert, findet tiefe Badegumpen im Fluss. *D8*

Ein Farbenrausch: Wenn die Bäume blühen, zieht der Frühling ins Niolo-Tal ein

7 LAC DE NINO ★

Der Weg zum 1743 m hoch gelegenen Nino-See auf dem Camputile-Plateau gehört zu den schönsten Tagestouren auf Korsika. Die mittelschwere Wanderung (700 Höhenmeter, reine Gehzeit vier Stunden) beginnt am Forsthaus von Poppaghia an der D 84 Richtung Col de Vergio. Folg der gelben Markierung durch Kiefernwald zur Bergerie de Colga (1411 m). Ab hier führt der Weg über kleinere und größere Felsen sowie Geröll zur *Bocca à Stazzone* (1762 m): Fotopause! Der Ausblick auf den See, aus dem der Tavignano entspringt, ist phantastisch! *D9*

FESTE & EVENTS

A SANTA DI U NIOLU

Casamaccioli gehört zu den abgelegensten Orten der Insel. Doch am 8. September pilgern Korsen in Scharen hierher. Dann feiert das 100-Einwohner-Dorf Korsikas größtes Marienfest. Die Jungfrau ist die Schutzpatronin Korsikas und wird an ihrem Geburtstag zum Dorfplatz getragen. Dort endet die Prozession mit der *granitola,* einem verschlungenen Schreiten, das eine Spirale bildet. Schau zu und erleb Gesangswettbewerbe, Tanz und Markttreiben. Immer dazu gehört auch das gemeinsame Mahl unter freiem Himmel.

Die Zitadelle von Corte steht eindrucksvoll für den Widerstand gegen Fremdherrschaft

CORTE

E9 **Corte (7400 Ew.) ist die einzige Stadt im Inselinneren und bis heute Symbol des korsischen Kampfs für Selbstbestimmung – die heimliche Hauptstadt Korsikas.** Pasquale Paoli hatte das Widerstandsnest gegen Genua 1755 für 14 Jahre zum Regierungssitz erhoben und die Universität gegründet. Ihre Studenten stellen heute die Hälfte der Einwohner und sorgen für lebendiges Flair in der Stadt: Ganz oben hockt die Zitadelle auf dem Fels, darunter folgt die Alt- oder Oberstadt mit den beliebten Plätzen Gaffori und Saint-Théophile bis zum Cours Paoli, der Schlagader der Neustadt. Stell dort dein Auto im Parkhaus Tuffelli an der Avenue Jean Nicoli ab.

SIGHTSEEING

COURS PAOLI

Die Flanier- und Einkaufsstraße ist die Hauptader von Corte. In den Cafés halten Einheimische ihr Schwätzchen, Bäckereien bieten Leckereien aus Kastanienmehl an. Über der Place Paoli thront die Bronzestatue des Nationalhelden Pasquale Paoli.

OBERSTADT

Malerisch ist die Altstadt mit den hohen, bröckelnden Hausfassaden. Die Kapelle Ste-Croix an der Rue Colonel Feracci ist Ausgangspunkt der vorösterlichen Prozession. Ganz oben hockt die Zitadelle, Gassen mit Kopfsteinpflaster führen hinauf. An der Place Gaffori – die Einschusslöcher im Haus an der Ecke stammen aus dem Freiheitskrieg – lohnen ein Blick in die Kirche L'Annonciation und von dort der Aufstieg zum Belvedere.

MUSEU DI A CORSICA

Wie tickt Korsika? Was macht Korsika einzigartig? Antworten darauf liefert das korsische Nationalmuseum auf zwei Etagen – interaktiv und mit wenigen, ausgewählten Exponaten, die Schlaglichter auf Ereignisse, Themen und Entwicklungen in Geschichte, Wirtschaft, Kultur und Alltag werfen. Spannend sind die Sonderschauen im dritten Stock. Wie Korsika klingt, verrät die Fonothek – setz den Kopfhörer auf und lass dich überraschen! Andrea Bruno hat den Museumsbau von 1997 in die Mauer der Zitadelle integriert. Die Eintrittskarte gilt auch für deren Besichtigung. Nachts wird der Südteil der Zitadelle illuminiert. Für die Dauerausstellungen gibt es einen Audioguide auch auf Deutsch. *Mai–21. Juni und 21. Sept.–Okt. Di–So 10–18, 22. Juni–20. Sept. tgl. 10–19, Nov.–April Di–Sa 10–17 Uhr | Zitadelle | museudiacorsica.corsica | ⏲ 1½ Std.*

ESSEN & TRINKEN

PATISSERIE CASANOVA 1887

Frühstücksbar und Quicheparadies: Für die leckeren Minitartes stehen Einheimische und hungrige Wanderer schlangenweise an. Klassisch oder mit Zucchini und Schafskäse, Pilzen oder Jakobsmuschel. Auch leckere Brotsorten kannst du hier erstehen. *Tgl. 6–20 Uhr | Cours Paoli/Avenue Xavier Luciani*

LA RIVIÈRE DES VINS

500-g-Bio-T-Bone-Steak, Filet Mignon, Charolais-Rind und dicke Burger: Hier wird alles über offenem Feuer gegrillt und zum Dessert gibt es typisch korsischen *fiadone. So-Abend geschl. | 5, Rampe Ste-Croix | Tel. 04 95 46 37 04 | short.travel/ksk18 | €€*

U MUSEU

Korsische Küche an der Wehrmauer der Zitadelle – draußen im schattigen Garten oder drinnen mit viel Holz und Naturstein. *Im Winter So geschl. | 1, Rampe Ribanelle | Tel. 04 95 61 08 36 | restaurant-umuseu.com | €*

SHOPPEN

COUTEAUX CORSES

Bellini, Padovani, Gualandi: Berühmte Namen, die für handwerkliche korsische Messerkunst stehen. Hier gibt es die Klingen mit Echtheitszertifikat. *3, Rue de l'Ancien College | couteaux-corses.fr*

A CASA CURTINESE

Charcuterie aus der Castagniccia hängt von der Decke, Gläser mit korsischen Terrinen, Konfitüren, Likörflaschen füllen die Regale: Der Feinkostladen von Jean-Marie Ghionga ist reinste Verführung – und der älteste Europas! *9, Rue du Vieux-Marché*

POTERIE LÉONELLI

Gemeinsam mit seiner Frau fertigt Jean-Marc Léonelli Keramiken mit erstaunlichen Glasuren. *4, Rue Chiostra*

RUND UM CORTE

8 ARCU DI U SCANDULAGHJU

5 km nordwestlich von Corte/3 Std. über den Wanderweg

Der eindrucksvolle Felsbogen trägt mehrere Namen, als L'Arche de Padule wird er bezeichnet und ist auch als L'Arche de Corte bekannt. Er gehört wegen der Traumblicke auf die Bergwelt ringsum zu den beliebtesten Wanderzielen im Tavignano-Tal. Der Aufstieg ist sehr steil: Bei der Tour hinauf auf 1452 m überwindest du gut 1000 Höhenmeter. Los gehts am Parkplatz in der Rue St-Joseph am Eingang des Tavignano-Tals. Folg dort der orangefarbenen Markierung. *E9*

Atem raubend schön, Atem raubend kalt: Badegumpen in den Gorges de la Restonica

9 GORGES DE LA RESTONICA

15 km bis zum Parkplatz Lamaghjosu südwestlich von Corte/30 Min. über die D 623

Graue Felswände, glasklare Bergseen und alte korsische Schwarzkiefern: Bei Corte beginnt eine der schönsten Schluchten Korsikas. Durch ein enger werdendes Tal geht es bergauf. Jäh aufragende Felsnadeln und der tief unten rauschende Fluss sind ein überwältigender Anblick. Das eiskalte Badewasser der Gumpen lässt selbst im Sommer deinen Körper prickeln. Die Straße endet oberhalb der Waldgrenze hinter den Bergeries de Grotelle auf 1370 m vor einem herrlichen Gebirgspanorama. Im Hochtal führen Wanderwege u. a. zu den Bergseen *Lac de Melo* und *Lac de Capitello* oder in rund acht Stunden zum *Monte Rotondo,* mit 2622 m Korsikas zweithöchster Gipfel.

Von Juli bis September wird es voll im Tal. Privatfahrzeuge dürfen auf der D 623 nur bis zum gebührenpflichtigen Parkplatz Lamaghjosu fahren. Auto nicht am Straßenrand abstellen, Wildparker werden rigoros abgeschleppt! Von Mitte Juli bis Mitte August verkehrt ein Busshuttle vier Mal täglich und bringt Ausflügler vom Infopunkt Chjarasgiolu aus hoch bis zu

INSIDER-TIPP
An den Massen vorbeifahren

den Bergeries de Grotelle. Und bei Anmeldung am Vortag bis 21 Uhr organisiert ein Hotelshuttle die Anfahrt stressfrei *(autocars-cortenais.fr)*. D-E9

10 LE BOZIU

20 km bis Bustanico östlich von Corte/ 35 Min. über die D 39

Unternimm von Corte aus eine Rundfahrt durch diese östlich gelegene raue Bergregion: Schmale Sträßchen schrauben sich hinauf zu Dörfern, die auf Anhöhen thronen: So wie *Alando,* dessen Handvoll Häuser sich auf einem Kamm entlang der D 39 reihen. Die Straße führt 3 km gen Norden weiter nach *Bustanico.* 60 Korsen leben hier heute, kaum mehr waren es vor 300 Jahren und doch ging von diesem kleinen Dorf 1729 der Unabhängigkeitskrieg aus. Warum? Cardone Defranchi konnte Genua seine Steuern nicht zahlen – und sollte daher enteignet werden. Die Dörfler unterstützten den Bauern, vertrieben die Herrscher und lösten so eine Rebellion aus, die die gesamte Insel erfasste.

Von Bustanico führt die D 441 nach *Sermano,* wo die Paghjella noch lebendig ist. Chorgründer Patrick Fiori hat sogar mit Star Patrick Bruel eine CD korsischer Lieder aufgenommen. Unweit vom Ort steht vor einem eindrucksvollen Bergpanorama die Kapelle *San Nicolao* aus dem 7. Jh. mit gut erhaltenen Fresken aus dem 15. Jh.

Die Rückfahrt nach Corte führt dann von der Gabelung kurz vor Sermano über Tralonca zur T20 und auf dieser wieder zurück in die Stadt. E-F9

BOCOGNANO

D-E11 **Der Anschluss an die Bahnlinie nach Ajaccio, Wasserfälle und ausgedehnte Kastanienwälder machen das typisch korsische Bergdorf (450 Ew.) zu einem beliebten Startpunkt für Wanderungen. Der beschauliche Hauptort des Gravona-Hochtals verfügt daher über eine erstaunlich gute Infrastruktur.**

ESSEN & TRINKEN

PIZZERIA COPACABANA

Direkt am Kreisverkehr T20/D 27 befindet sich das überdachte Terrassenlokal. Außer Pizza gibt es auch leckere Salate und frisch Gegrilltes. *Mai–Sept. tgl. | Tel. 04 95 27 42 21 | €*

A TANEDDA

Tannu und Achille von der *ferme auberge* im unteren Ortsteil bieten eine traditionelle, stets frische Landküche im Rhythmus der Jahreszeiten an, oft mit Produkten aus eigener Herstellung. *April–Okt. tgl. | Tel. 04 95 27 42 44 | €€*

RUND UM BOCOGNANO

11 CASCADE DU VOILE DE LA MARIÉE

4 km südlich von Bocognano/10 Min. über die D 27

Korsikas höchster Wasserfall stürzt sich 4 km südlich von Bocognano zu

Tal. Auf einer Breite von 12 m rauscht der Trotto-Bach 70 m in die Tiefe – besonders üppig im Frühjahr nach der Schneeschmelze. Markierte Wanderwege führen vom Dorf aus hin oder in zehn Minuten von der Brücke über den Trotto aus, zu der man nach 3,2 km auf der D 27 in Richtung Bastelica gelangt. *D11*

12 RICHJUSA-SCHLUCHT

3 km nördlich von Bocognano/10 Min. bis zum Parkplatz im Ortsteil Busso

Vom oberen Ortsausgang führt ein schmales Sträßchen hinunter zum Ortsteil Busso. Vom dortigen Wanderparkplatz an der Gravona aus erreichst du nach ca. 45 Minuten die imposante und gut versteckte *Clue de la Richiusa,* wo du auch herrlich baden kannst. Oder du erlebst die enge Klamm beim Canyoning, rutschst über Felsen und springst in Naturpools, z. B. mit *Canyon Corse (April–Okt. tgl. nach Anmeldung | Tel. 06 15 05 28 42 | canyon-corse.com). D–E10*

INSIDER-TIPP
Nasse Kicks

13 CASCADES DES ANGLAIS ★

13 km bis Vizzavona nordöstlich von Bocognano/20 Min. über die T20

Der schönste der vielen Wanderwege am Col de Vizzavona beginnt am Bahnhof Vizzavona. Er führt in etwa drei Stunden (hin und zurück) zu den beeindruckenden Wasserfällen, wo der Gebirgsbach Agnone tosend über viele steile Stufen springt. Wer mag, kann diese Tour mit einem weiteren Highlight verbinden, einer Fahrt mit der Schmalspurbahn *Micheline (train-corse.com),* die auf ihrer Strecke von Corte an die Westküste durch die Bergwelt zuckelt – ein Halt ist Vizzavona. *E10*

14 MONTE D'ORO

10 km von Bocognano / zu Fuß

Eine Herausforderung für echte Bergsteiger: Der Aufstieg vom Col de Vizzavona zum Gipfel des 2389 m hohen Monte d'Oro ist schweißtreibend und schwierig. Rund acht Stunden musst du für die 1200 Höhenmeter vorbei an den Cascades des Anglais und dem Lac d'Oro rechnen. Achtung: Auf den Abschnitten, die nicht zum GR 20 gehören, ist die gelbe Markierung mangelhaft! *E10*

Tolle Plätze verlocken zu einer Badepause auf dem Weg zu den Cascades des Anglais

TARAVO-TAL

D–E 11–13 **Das Taravo-Tal ist noch ein echter Geheimtipp, dabei ist es eines der schönsten Täler Korsikas, grün und wasserreich, mit unzähligen Wandermöglichkeiten beiderseits des Flusses.**

Wer auf dem Taravo paddeln möchte, muss allerdings sein eigenes Kajak mitbringen – oder an der Küste eines leihen. Einsteigen kann man praktisch überall am gesamten Fluss. Die Schnellen sind aber nur etwas für Könner!

ZIELE IM TARAVO-TAL

15 BAINS DE GUITERA

Im oberen Tal gibt es nur eine einzige Tankstelle: in Bains de Guitera (nicht verwechseln mit Guitera-les-Bains!), einem winzigen Ort mit Apotheke und Café-Bar. Hier sprudelt eine 42 Grad warme Schwefelquelle in gefasste Becken. Die alten Thermenanlagen liegen brach, sind aber frei zugänglich – einfach an der Tankstelle parken und bergab spazieren: Dort liegen die Betonbecken, in denen man das warme Thermalwasser

INSIDER-TIPP
Wellness für lau

Bergeinsamkeit: Unterwegs auf dem GR 20 bei den Bergeries de Basseta

genießen kann. Kein Eintritt, keine Kontrolle – aber der Fairness halber nicht länger als zehn Minuten, wenn noch andere Wellnessfreunde zum Bad anstehen. Gute, einfache Bergküche mit großen Portionen bekommst du 7 km östlich in *Zicavo* bei Familie Scaglia im *Le Pacific Sud (tgl. | an der D 69 | Tel. 09 67 16 41 37 | €).* *E12*

16 GUITERA-LES-BAINS

Guitera ist der beste Ausgangspunkt für Erkundungen des Tals. Quartier dich ein bei *Paul-Antoine (Tel. 04 95 24 44 40 | chez-paul-antoine.com),* der mit seiner Familie eine *ferme auberge* samt *gîte* betreibt, und wandere! Wer nicht dem Weitwanderweg Mare a Mare Centre folgt, läuft auf einem zweieinhalbstündigen Rundweg (orange-gelbe Markierung) hinauf zum einstigen *Château des Bozzi* mit grandiosem Rundblick über das Hochtal. *E12*

17 ZÉVACO

Vom Hof auf den Tisch: Was Nadia Andreucci in der *ferme auberge U Taravu (tgl. | D 83 | Tel. 06 30 93 82 80 | auberge-u-taravu.com | €€)* kocht, stammt aus eigener Herstellung. 100 Prozent korsisch ist auch die Auswahl der Gerichte, von der *charcuterie corse* bis zum Kastanienkuchen. Als Aperitif wird Myrtenlikör gereicht. Köstliches Naschwerk aus Kastanien zaubert *Véronique Léoni (casadiacastagna.fr),* von Konfitüren bis zu glasierten Maronen, die mit großem Aufwand hergestellt werden. Wer die lange Anfahrt scheut, kann die Köstlichkeiten auch online kaufen. *D12*

18 HOCHPLATEAU VON COSCIONE & MONTE INCUDINE

Hier oben heißt es einfach die herrliche Landschaft genießen mit Feuchtwiesen, windzerzausten Buchen, aufgetürmten Granitblöcken und phantastischer Rundumsicht. Das ★ *Hochplateau von Coscione* ist von Zicavo auf der D 69 südwärts zu erreichen. Nach ca. 10 km geht es links auf der holprigen D 428 durch den lichten Buchenwald des Bosco di u Coscione bis zur Kapelle San Petru. Von dort aus wanderst du am besten auf der kurz vorher links abzweigenden Forstpiste bis aufs Hochplateau.

Aussichtsberg des Tals ist der 2134 m hohe *Monte Incudine*. Fahr auf der D 428 weiter bis zu den *Bergeries de Basseta (bergerie-de-basseta.fr)* am Fernwanderweg GR 20, wo du dich auch stärken (und übernachten) kannst. Folg dessen rotweißer Markierung gen Osten. Über das Bett des Tignoso führt der Pfad hinauf zum 1805 m hohen *Col de Luana;* gut zwei Stunden sind es von hier am Grat entlang bis zum Gipfel. Und oben? Wartet ein grandioses Panorama über den Monte Renoso und das Bavella-Massiv!

Für die Gipfeltour brauchst du einen ganzen Tag und unterwegs muss etwas gekraxelt werden – Felsblöcke und Platten versperren hin und wieder den Weg. Hast du sie überwunden, geht es nur leicht ansteigend weiter. *E12–13*

19 POZZI DU RENOSU ★

Auf den moorigen Wiesen fängt der Sonnentau Mücken und überall gluckert es: Die *pozzi* sind eine blaugrüne Wasserlandschaft im Herzen grauer Bergriesen. Geschaffen wurden die Feuchtwiesen von Gletschern, die verlandeten und schmale Wasserläufe und Seen zurückließen. Rechne mit drei Stunden Aufstieg und zweieinhalb Stunden Abstieg vom Col de Verde an der D 69. In den *Bergeries des Pozzi* verkauft der Hirte Jean-François Käse und Joghurt aus der Milch seiner Tiere. *E11*

INSIDER-TIPP
Leckeres vom Alm-Öhi

SCHÖNER SCHLAFEN IM BERGLAND IM INNEREN

COCOONING MIT KICK

Bei der WM 1958 kickte Dominique Colonna für Frankreich – daher tragen die Zimmer seines schicken Romantikhotels *Dominique Colonna (29 Zi. | Vallée de la Restonica | Tel. 04 95 45 25 65 | dominique-colonna.com | €€€)* an der Restonica auch Namen von Fußballstars. Das Frühstücksbuffet ist üppig!

BEIM LUXUSBAUERN

Bed & Breakfast beim Biofarmer: Was rustikal klingt, überrascht mit Luxus. Aus vier Bungalows und fünf Doppelzimmern mit edlem Holz, stylishen Möbeln und viel Komfort blicken Gäste des *Kyrnflor (3 km südlich von Corte an der T20 | Tel. 04 95 61 02 88 | kyrnflor-chambresdhotes.com | €€)* auf ein weites Tal mit hohen Bergen. Viel größer als erwartet ist auch der Poolbereich mit großem Becken und komfortablen Liegen.

DER OSTEN

KORSIKAS BADEWANNE: TRAUMSTRÄNDE IN XXL

Von Bastia bis nach Solenzara heißt es: Sonne tanken vor grandioser Bergkulisse. Entlang der Ebene im Osten Korsikas ziehen sich über mehr als 100 km Länge breite, goldgelbe Strände hin. Tausende verbringen hier ihren Urlaub auf Campingplätzen, in Bungalowdörfern und Ferienanlagen.

Abseits der Strände kannst du inmitten von Obstplantagen, Maisfeldern und Rebgärten an Lagunenseen Zugvögel beobachten und topfrische Austern genießen. Schon vor 2000 Jahren war die Ebene

Eingebettet ins Grün der Castagniccia: das Bergdorf Morosaglia

ein wunderschöner Platz zum Leben, wie die römischen Ausgrabungen in Aléria verraten.

Unmittelbar hinter der weiten Ebene steigen jäh die Berge auf. Dort verstecken sich uralte Kulturlandschaften mit riesigen Kastanienhainen und Dörfer mit tausendjähriger Geschichte. Die Ferienorte waren ursprünglich Ableger der Dörfer im Oberland. Viel korsisches Flair ist hier nicht zu erwarten – aber beste Infrastruktur für sorgenfreie Urlaubstage in Korsikas Strandparadies.

DER OSTEN

Vescovato 1
Ponte-Novo
Loreto-di-Casinca 2
Ponte Leccia
Casinca
S. 96
Asco
Popolasca
Morosaglia 11
Quercitello
Scata
T20
Monte San Petrone
10
Aiti
San-Lorenzo 12
9 Piedicroce
8 Carcheto
Érone
Castagniccia
S. 98
7
Col d'Arcarotta
Corscia
Soveria
Casamaccioli
Corte
Sermano
Couvent d'Alesani 6
Alzi
Pianello
Moïta
T50
Erbajolo
Tox
Casanova
Altiani
Pietraserena
HAUTE-CORSE
Pancheraccia
T20
Noceta
Guagno
Vivario
Antisanti
T50
Pastricciola
Rezza
Vizzavona
13 Fiumorbo
Aghione
Busso
Ghisoni
Défilé de l'Inzecca
T20
Lugo-di-Nazza
Ucciani
Ajola
Ghisonaccia
S. 103
Prunelli-di-Fiumorbo
Bastelica
Tolla
Scrivano
Ania
Plage de Quercioni
Ventiseri
Tasso
T10
Cozzano
Travo
Zicavo
Campo
Corrano
Scaffa Rossa
Grosseto
Solenzara
S. 105
Badebecken 14
Sari-Solenzara
Argiusta
15 Bachwandern
Cannella

MARCO POLO HIGHLIGHTS

★ **AUSTERNZUCHT**
Dank der Lagune Étang de Diane ist in der Region Meeresküche vom Feinsten zu genießen, mit Zutaten nicht nur aus der Muschelzucht ➤ S. 101

★ **MONTE SAN PETRONE**
Korsika von oben betrachten ➤ S. 100

★ **DÉFILÉ DE L'INZECCA**
Bizarre Felsschlucht in wilder Bergeinsamkeit ➤ S. 104

★ **BADEBECKEN**
Einfach reinhüpfen: Naturpools im Fluss Solenzara ➤ S. 107

CASINCA

G7 **Zwischen den Flüssen Golo und Fium'Altu liegt das Hügelland Casinca, eines der bevölkerungsreichsten Gebiete Korsikas. Hohe Berge, lange Strände und das quirlige Bastia sind nicht weit entfernt.**
Wasserreichtum und fruchtbare Böden lassen Getreide, Tabak, Wein und Zitrusfrüchte im Tal gedeihen, Oliven- und Kastanienbäume werden seit eh und je auf terrassierten Hängen kultiviert. Und auf den Bergkämmen liegen die „Balkone": aussichtsreiche Dörfer, verbunden durch Panoramastraßen.

ZIELE IN DER CASINCA

1 VESCOVATO

Schon auf der kurzen Fahrt von der Küste über die D 237 bekommst du einen Einblick in die schöne Kulturlandschaft. Vescovato (3000 Ew.) ist der Hauptort der Casinca, ein traditionelles nordkorsisches Festungsdorf mit engen Treppengassen um den Dorfplatz mit Adlerbrunnen, der auch mal als Schulhof genutzt wird. Die Kirche *St-Martin* birgt ein weißes Marmortabernakel von 1441 aus Genua. 3 km südlich liegt *Venzolasca* wunderhübsch als langer Streifen hoher Häuser mit Schieferdächern auf einem Bergsporn über der Ebene. *G7*

2 LORETO-DI-CASINCA

Korsisches Dorfleben wie einst: Im 200-Ew.-Dorf am Hang des Monte Sant'Angelu scheint die Zeit stehen geblieben zu sein. Am platanenbestandenen Dorfplatz hocken schwarz gekleidete Männer beim Kaffee, im Waschhaus wird die Wäsche im Quellwasser gewaschen, durch Treppengassen streunen Katzen. Umwerfend schön: der Blick über die Ebene und die Lagune von Biguglia bis zum Meer. Samstagabends kannst du hier im *Alta Vista (Tel. 06 18 99 34 46 | Facebook: AltaVistaLoretu | €)* deftige korsische Küche genießen, im Sommer auch im Freien. Und in der gemütlichen *ferme auberge U Rataghju (Tel. 04 95 36 30 66 | Facebook | €)* mit Holztischen, Feldsteinmauern und Bauernerbstücken als Deko kommt authentische korsische Küche auf den Tisch – als opulentes Menü zum fairen Pauschalpreis von 30 Euro. Vorher anmelden: Geöffnet wird nach Bedarf! *G7*

INSIDER-TIPP
Leckere Sattmacher

MORIANI-PLAGE

G8 **Moriani-Plage (1800 Ew.) ist der Hauptort der Costa Verde und liegt als einer der wenigen Orte der Ostküste direkt am Meer.**
Sein langer, sehr feiner Sandstrand fällt so sanft ins Meer, dass Familien hier gerne Urlaub machen. Die Einheimischen nennen den einstigen Hafen von San Nicolao auch San Nicolao-Plage oder Padulella. Der Wanderweg Mare a Mare Nord verbindet Moriani-Plage mit Cargèse an der Westküste.

SHOPPEN

POTERIE DU PRATU

Lampenschirme, Duftgefäße, Schalen, Schmuck, Becher und Türschilder: Es gibt fast nichts, was Aline Prat und Thibault Sisson nicht aus Steingut fertigen – tolle Souvenirs! *Prato | poterie dupratu.com*

LE MOULIN DE PRUNETE

6 km südlich an der T10 in *Prunete* stellt Joseph Rioli mit seinem Sohn Thierry in der Mühle hochwertige prämierte Öle aus eigener Olivenernte her.

SPORT & SPASS

LA FERME AUX ÂNES

In *Prunete* kannst du auf den Esel kommen: Die kleine Farm bietet Eseltouren am Strand an oder Wanderungen mit Esel in die Berge. Dein Grautier kannst du stundenweise oder einen ganzen Tag lang ausleihen. *Tel. 06 17 94 95 60 | ecoledesanes.com*

RUND UM MORIANI-PLAGE

3 CORNICHE DE LA CASTAGNICCIA

23-km-Rundtour von Moriani-Plage/ 1 Std. über die D 330, D 71, T 10

Phantastische Aussichten! Die Höhenstraße eröffnet immer neue Ausblicke über die Ebene und das Meer. Sie führt über San Nicolao in die Berge,

Am Hang des Monte Sant'Angelu erhebt sich Loreto-di-Casinca mit tollen Weitblicken

Verwilderte Hausschweine wühlen sich durch die Kastanienhaine

über die Balkonstraße D 330 nach Cervione und wieder hinunter an die Küste. Oder du schwenkst für eine große Rundtour in Cervione auf die D71 und fährst weiter bis nach Ponte Leccia *(75 km/2½ Std.)* mit Rückweg über die T 20/T 10 *(45 km/45 Min.)*: Beschreibung in Erlebnistour 3 (S. 133). *G8–9*

4 PLAGE D'ALISTRO

14 km südlich von Moriani-Plage/ 15 Min. über die T10

Am Turm von Alistro beginnt die Paraderoute der Spülsaumjogger und Badenixen – am schönsten in Richtung Norden. In ihrer „Nusswerkstatt" *Atelier de la Noisette (atelierdelanoisette.com)* 5 km nördlich an der T10 verarbeiten Charles Sforzini und seine Nichte Laurine Serra Haselnüsse aus der Castagniccia zu feinem Nussöl, Nusssalz, Nusscreme und süßen Köstlichkeiten wie Pralinen oder Kleingebäck. *H9*

CASTAGNICCIA

F–G 7–9 **Als lichter Wald überziehen verwilderte Kastanienbäume die Hänge der Castagniccia. Das kulturelle Kernland der Korsen gehört heute größtenteils zum Parc Naturel Régional de Corse und ist mit Sträßchen und Wanderwegen durchzogen wie kein anderes Gebiet. Auch die Weitwanderstrecke**

Mare a Mare führt mitten hindurch Richtung Corte.

Die Genuesen ließen die heimischen Eichen u.a. durch Kastanien ersetzen, damit sie die Korsen ernährten, die wegen der hohen Abgaben an Hunger litten. Durch die Entvölkerung der Gegend im 20. Jh. wurden die Haine nicht mehr gepflegt, doch inzwischen besinnt man sich wieder auf das traditionelle Nahrungsmittel. Bis zu 20 verschiedene mit Kastanienmehl bereitete Speisen gehören noch heute zu einem ordentlichen Hochzeitsmahl in der Castagniccia. Kastanien bilden auch die Mast der halbwilden Schweine und verleihen der *charcuterie corse* ihr typisches Aroma. Die Kastanie ist heute wieder Kult. Und so werden auch die alten Kastanienhaine zunehmend rekultiviert. Im Mai sorgen sie für Frühlingszauber: Wie sprühende Wunderkerzen leuchten dann weißgelb die Blütenstände.

ZIELE IN DER CASTAGNICCIA

5 CERVIONE

Ein Westfale als König von Korsika? Im Kloster von Valle d'Alesani hatte sich Baron Theodor von Neuhoff im April 1736 zum König krönen lassen. Als Hauptstadt wählte Theodor I. den Hauptort der Castagniccia, Cervione (1700 Ew.), wo er im einstigen Bischofspalast residierte, in der Residenz *Loghja Re Theodor* am Platz vor der Kirche. Bereits im November 1736 musste der politische Abenteurer fliehen ... Rund 150 Jahre zuvor hatte Bischof Sauli aus eigenen Mitteln Korsikas älteste Barockkirche errichten lassen, *St-Erasme*. Im ehemaligen Priesterseminar bei der Kathedrale dokumentiert das *Musée Ethnographique (Mo–Sa 9–12 und 14–18 Uhr | adecec.net/musee.php)* die turbulente Geschichte des Städtchens.

Königlich speisen lässt es sich im *Aux 3 Fourchettes (tgl. | Tel. 04 95 38 14 86 | aux3fourchettes.fr | €)* am Kirchplatz mit einigen Plätzen auch im Freien: Von diversen *brocciu*-Gerichten bis Wildschwein gibt es eine leckere Auswahl korsischer Spezialitäten. *G8*

6 COUVENT D'ALESANI

Gut 15km landeinwärts von Cervione liegt Valle d'Alesani mit dem ehemaligen Franziskanerkloster *(Mo, Mi und Sa 15.30–19 Uhr | associu-cunventu-alisgiani.com)* mit der prächtig renovierten Klosterkirche. Das Kloster war das Zentrum des korsischen Widerstands im 18. Jh. Schön sind die Jazz- und anderen Konzerte *(corsevent.com)*, die mehrmals im Jahr stattfinden – oft kann man gratis lauschen. *G8–9*

7 COL D'ARCAROTTA

INSIDER-TIPP **100 % lokal**

Honig und Würste, aber auch Kunst und Handwerk von einheimischen Produzenten sind beim *Bauernmarkt* *(Facebook: UMercatu)* auf dem Col d'Arcarotta an der D 71 zu finden: immer sonntags von 9 bis 13 Uhr im Juli und im August. Die *Auberge des Deux Vallées (Mo geschl. | Tel. 04 95 35 91 20 | €–€€)* mit Terrasse serviert *charcuterie*, Cannelloni, *fiadone* – alles ist hausgemacht, preiswert und gut. *F8*

8 CARCHETO

In Carcheto wurde 1876 der berüchtigte Bandit François-Marie Castelli geboren. 1929 streckte ihn eine Kugel in den Rücken nieder. Friedlicher ist die naive Malerei in der *Pfarrkirche*, mit der ein korsischer Künstler um 1790 Kreuzweg und Grablegung Jesu farbenfroh festhielt. In der Umgebung wird der grüne Halbedelstein Vert d'Orezza abgebaut. Der seltene Stein ist begehrt – er ziert auch die Fürstenkapelle von Florenz. *F8*

9 PIEDICROCE

Auf einem Bergsporn im Kastanienwald liegt das einzige Dorf weit und breit, das ein Hotel besitzt. Vom Ort ist es nicht sehr weit zu den Ruinen des *Couvent d'Orezza*, das im 18. Jh. Wiege politischer Erneuerung war. Die D 506 führt hinunter zu der Mineralwasserquelle *Eaux d'Orezza (orezza.fr)*, die mit natürlichem Kohlensäuregehalt aus 6000 m Tiefe heraufsprudelt; vom starken Eisengehalt befreit, wird das Wasser in Flaschen gefüllt. Das Dörfchen *Campana* an der D 71 bezaubert mit seinen hübschen Treppengassen. Die Orte hier sind auch durch Fußwege miteinander verbunden. *F8*

10 MONTE SAN PETRONE ★

Kein Aussichtsberg lässt sich so leicht besteigen wie der höchste Gipfel der Castagniccia. Vom Col de Prato auf 985 m geht es zunächst auf einer gemütlich ansteigenden Forststraße, dann durch schattige Buchen- und Kiefernwälder viele Höhenmeter hinauf. Aber der Anstieg ist einfach und nach drei Stunden stehst du auf dem 1767 m hohen Gipfel: Weitblick auf die Zweitausender, die Ostküste und bis nach Elba! *F8*

11 MOROSAGLIA

Hausbesuch beim Freiheitskämpfer! Am 5. April 1725 wurde Pasquale Paoli in Morosaglia (1000 Ew.) geboren. Bis heute ist der Vater der Nation hier allgegenwärtig. Sein Geburtshaus stellt als *Musée Pasquale Paoli (Mo–Sa 10–17, Mitte Mai–Sept. bis 18 Uhr)* am östlichen Ortseingang sein Leben vor; in den Ausstellungsräumen findest du Kultobjekte, Darstellungen, Waffen und Kitsch und Trödel aus der Zeit der kurzen korsischen Unabhängigkeit. In einer kleinen Kapelle neben dem Museum wird die 1889 heimgeholte Asche Paolis aufbewahrt. *F8*

12 SAN-LORENZO

Hier gibt es bei *Jean-Paul Vincensini et Fils (Tel. 04 95 47 15 45 | corse-bio.fr)* an der D 639 Naturbelassenes zu kaufen: Obst, Gemüse, Marmeladen, aber auch Geflügel, Schwein und Wild. Geöffnet wird nach telefonischer Vereinbarung. *F8*

ALÉRIA

G10 **Seit der Jungsteinzeit hat das Dorf (2200 Ew.) am Zusammenfluss von Tagnone und Tavignano viel erlebt. Im 6. Jh. v. Chr. errichteten phokäische Griechen hier den großen Handelsstützpunkt Alalia.**
Im 3. Jh. eroberten Römer die Stadt und begannen die Unterwerfung der

gesamten Insel. Ein Unterfangen, das fast 100 Jahre dauerte und die Hälfte der Bevölkerung das Leben kostete. 259 n. Chr. wurde Alalia Hauptstadt der römischen Provinz Corsica. Die Römer gingen, Aléria verfiel. Heute ist es ein archäologisches Ausflugsziel, die meisten Geschäfte, Restaurants und das Office de Tourisme findest du jedoch im heutigen Ortskern Cateraggio am Nordufer des Tavignano.

In seiner Geburtsstadt Morosaglia allgegenwärtig: Freiheitskämpfer Paoli

SIGHTSEEING

MUSÉE JÉRÔME CARCOPINO

Grabbeigaben, Schwerter und Marmorköpfe illustrieren die Zeitreise von der Jungsteinzeit bis zur römischen Antike im genuesischen *Fort de Matra*. Zu den schönsten Zeugnissen gehört ein „Krater": So nannten die Griechen um 425 v. Chr. die Krüge, in denen sie Wasser und Wein mischten. *Mitte Mai–Sept. tgl. 10–18, Okt.–Mitte Mai Mo–Sa 9–17 Uhr | short.travel/ksk19 | ⏲ 1 Std.*

ANTIKE RUINENSTADT

Südwestlich von Aléria haben Ausgrabungen das antike Alalia freigelegt. Thermen und Tempel, Forum, Häuser und Geschäfte zeigen, wie reich und mächtig Aléria einst war. Bis heute werden immer wieder spannende Fundstücke freigelegt. Hinein kommt man nur vom Jérôme-Carcopino-Museum aus.

ESSEN & TRINKEN

AUSTERN

Schon die Römer genossen die frischen Austern, die in der großen Lagune *Étang de Diana* gezüchtet werden. Für den Transport nach Rom wurde die Meeresfrucht damals aus den Schalen herausgelöst und so versandt. Die Muschelschalen landeten zurück im See – und bildeten im Lauf der Zeit kleine Inseln wie die *Île des Pêcheurs*. Heute liegt die ★ Austernzucht in den Händen von drei Genossenschaften und wenigen privaten Erzeugern. Bei *Aux Coquillages de Diana (tgl., Okt.–April nur Fr–So | Tel. 04 95 57 04 55 | Facebook: auxcoquillagesdediana | €€)* 2 km nördlich von Aléria werden Muscheln aus der Lagune, *loup de*

mer, Garnelen und Oktopus aus dem Mittelmeer topfrisch serviert, du sitzt urig im Holzpavillon über der Lagune. Wichtig: unbedingt reservieren!
1990 hat Bernard Pantalacci seine Arbeit bei der Tageszeitung Le Provençal an den Nagel gehängt und ist Austernzüchter geworden. Von April bis Mitte Oktober gibt es bei ihm im *Nustrale di Diana (Mo–Sa 10–15 Uhr | T10 | short.travel/ksk8)* das Seafood quasi direkt aus der Lagune zu kosten – oder wahlweise gut gekühlt für ein Picknick oder das Ferienzuhause zu kaufen.

L'ÉCURIE

Jeanne-Marie und Christophe Lavergne-Vincentelli haben ihre Domaine de Padulone auf nachhaltige Landwirtschaft umgestellt und den Pferdestall in eine so rustikale wie schicke *ferme auberge* verwandelt: Backsteinwände, Holztische, Lederstühle und feines Kristall. Da zischt auch schon das Padulone-Craftbier ins Glas, duftet es nach Kotelett vom korsischen Nustrale-Schwein. *Bon appétit! So-Abend und Mo geschl. | an der T50 von Aléria Richtung Meer | Tel. 04 95 57 94 26 | domainedepadulone-20.com | €€*

LA TOUR

Nachmittags Eis und Kuchen, abends Pizza: Das ist der Urlaubsservice eines deutsch-französischen Paars 12 km nördlich an der Straße zum Meer in *Bravone* 300 m vom Strand, das auch an Kinderspielplatz und Sonnenterrasse gedacht hat. *Juni–Sept. tgl., Mai und*

Austern frisch direkt aus der Lagune gibts in den urigen Holzhütten am Étang de Diane

Okt. Mi geschl. | Tel. 04 95 38 81 54 | latourbravone.com | €

STRÄNDE

Hausstrand von Aléria ist die *Plage de Padulone*, ein breites Sandband an der Tavignano-Mündung mit Bar und Restaurant.

GHISONACCIA

G11 **Der kleine, nicht direkt am Meer gelegene Ort bietet in erster Linie Infrastruktur für die Feriendörfer und Campingplätze an den endlosen Sandstränden entlang der Ostküste.**

Es gibt Supermärkte, Bankautomaten, Bäckereien und Läden, die *produits corses* anbieten. Das Auto kann man in der Regel stehen lassen: Zwischen den Feriendörfern und der *Plage de Vignale* pendelt im Juli und August montags bis samstags ein kostenloser Shuttlebus *(short.travel/ksk20)*.

ESSEN & TRINKEN

LE CINTRA

Seit Jahren beständig gut und bei den Einheimischen beliebt, im Sommer abends regelmäßig Livemusik. Auf der Karte: Salate, Fleischklassiker, Pasta und frischer Fisch. *Tgl. | Avenue du 9 Septembre | Tel. 04 95 56 13 44 | €*

LES DEUX MATS

Weiß eingedeckte Tische, kreative Küche in guten Portionen, der weite Strand, das blaue Meer: In der näheren Umgebung von Ghisonaccia kannst du nur hier direkt am Meer schick speisen. *Tgl. | Route de la Mer | Tel. 07 85 27 28 65 | Facebook: rib.alta2 | €€*

SHOPPEN

Jeden Freitagabend im Juli und August werden die Straßen zu Fußgängerzonen, spielen Musikgruppen und öffnen die Läden bis Mitternacht: Beim *shopping de nuit* wird's voll!

LE VERGER DE RAPHAËLLE

Oliven, Nüsse, Feigen, Öle, Chutneys verkauft Raphaëlle mit viel Leidenschaft im eigenen Hofladen. *Wechselnde Zeiten (Tel. 06 71 89 40 70) | Casa Accinta | le-verger-de-raphaelle.com*

AUSGEHEN & FEIERN

A VOLTA

Sympathische Weinbar im Herzen des Orts: Korsische Inselweine glasweise, zu den Essenszeiten auch kleine Gerichte und Tapas. Mittwochs ist von 18 bis 20 Uhr Happy Hour. *Tgl. | 748, Avenue du 9 Septembre | Facebook: baravin.avolta*

LE PASQUALE PAOLI

Craftbier aus Korsika? In diesem Lokal 3 km südlich an der T 10 in *Casamozza* wird Bier der Brauerei A Tribbiera ausgeschenkt: Apa (hell, mit Honigaroma), Mora (dunkel), Prima (fruchtig) und Ambria (Dreikorn). Noch besser schmeckt es zur Livemusik am Freitag. *Mo geschl. | Facebook: atribbiera*

STRÄNDE

Besonders schön ist die *Plage de Pinia,* ein 3½ km langer Sandstrand am größten Küstenkiefernwald Korsikas rund 7 km östlich. Die *Plage de Quercioni* 6 km südlich ist ein endlos langer Familienstrand, perfekt für Kinder. Anfahrt über den Pont de l'Abbatescu nach Mignataja, dort Richtung Meer abbiegen.

RUND UM GHISONACCIA

13 FIUMORBO

27 km bis Ghisoni nordwestlich von Ghisonaccia /50 Min. über die D 344

Auf dem Weg zum Hauptort der Fiumorbo-Region, nach Ghisoni, schlängelt sich die D 344 durch zwei der engsten und wildesten Schluchten Korsikas: den *Défilé des Strette* und den ★ *Défilé de l'Inzecca.* Insbesondere Letztere beeindruckt durch teilweise überhängende, mehr als 100 m hohe Felswände, die der Fium'Orbu über Jahrmillionen ins Serpentingestein gegraben hat.

Toll sind im Sommer die Badegumpen im Fium'Orbu. Kaum zu übersehen: Eine von einem Waldbrand schwer ramponierte Kiefer an der D 344 gut 2 km vor Ghisoni markiert den Einstieg zu einer bekannten Flussbadestelle. Der reißende Fluss hat eiskalte Naturrutschen für Waghalsige in den harten Stein geschliffen. Die Gumpen sind so tief, dass du bei hohem Wasserstand aus 10 m Höhe in die Tiefe springen kannst – aber sei vorsichtig und orientier dich an den Einheimischen!

INSIDER-TIPP Beste Gumpen für frühe Vögel

Viele Urlauber kommen extra von der Küste her – sei deswegen früh da, denn es gibt nur wenige Parkplätze!

Eingekesselt von hohen Bergen ist auch das Dörfchen *Ghisoni* selbst, wo im 14. Jh. Anhänger einer Sekte grausam den Tod fanden: Die Kurie hatte den gesamten Wald in Flammen setzen und die „Ketzer" verbrennen lassen. Wer wandern will, fährt am besten noch bis zum Fuß des *Monte Renosu* weiter: 6 km südlich von Ghisoni zweigt die D 169 von der D 69 ab und führt durch einen schönen alten Wald hinauf auf 1640 m zur Schäferei von Capanelle. Hier beginnt ein mit Steinmännchen gekennzeichneter Weg, auf dem geübte Wanderer in einer halben Stunde die Quelle des Pizzolo erreichen. In weiteren 30 Minuten gelangt man an den leuchtend blauen *Lac de Bastani.* Mit dem Gipfel des Renosu vor Augen dauert es noch eine Stunde bis zum eisernen Gipfelkreuz auf 2352 m. Monte d'Oro, Monte Incudine und Monte Cinto scheinen zum Greifen nah! Im Winter lockt das kleine Skigebiet an den Bergeries de Capanelle.

Für modische Miniportionen hat der Patron der *Ferme-Auberge de l'Inzecca (April–Sept. tgl. | D 344 am Abzweig der D 44 | Tel. 04 95 56 62 62 | short.travel/ksk21 | €€)* im Défilé de l'Inzecca nichts übrig: Bei ihm gibt es beste korsische Landküche in großzügigen Portionen. Auf der Rückfahrt über die D 44, eine schöne Balkonstraße mit Aussichtspunkten, kannst du noch die hübschen Dörfer des Fiumorbo besichtigen, so auch den Hauptort *Prunelli-di-Fiumorbo* mit einer romanischen Kirche aus dem 7. Jh. *E–F 10–11*

SOLENZARA

G12–13 **Am südlichen Ende der Plaine Orientale, der östlichen Tiefebene Korsikas, liegt dieser Badeort (1400 Ew.).**

Er hat ein besonders herrliches Hinterland (s. Erlebnistour 1, S. 126) – schon nach einer halben Stunde Fahrt bist du mitten in der Bergwelt. Der Bootshafen und die schönen Strände in der Umgebung machen Solenzara zu einem beliebten Ferienort. Er bietet praktische Einkaufsmöglichkeiten und diverse Sporteinrichtungen und hat dank der Bars und Kneipen zumindest in den Abendstunden Flair. Sein Manko: die Tiefflieger vom nahe gelegenen Militärhafen, die entlang der Küste trainieren.

ESSEN & TRINKEN

A MANDRIA DE SÉBASTIEN

Sébastien de Rocca-Serra hat eine alte Schäferei an der T10 in Richtung Norden in ein gemütliches Terrassenrestaurant verwandelt, wo rustikale Gerichte der regionalen Küche auf den Tisch kommen. Im Hochsommer reservieren und Zeit mitbringen! *So-Abend und Mo geschl. | 1 km vom Zentrum links hinter der Brücke | Tel. 04 95 57 41 95 | €€*

An Ghisonaccias Stränden ist reichlich Platz – auch für Orcas auf Landurlaub

Pool der natürlichen Art: Der Solenzara hat überall wunderbare Badebecken geschaffen

A PINZUTELLA
Auf einem Bauernhof 5 km südwestlich gelegen, serviert das Restaurant Fleischgerichte von Kalb, Rind und Zicklein aus eigener Zucht. Authentische Hausmannskost und von der Terrasse ein unverstellter Blick auf das Bavella-Massiv. *Mo geschl.* | *D 268* | *Tel. 04 95 57 41 18* | *aubergeapinzutella.wixsite.com/website* | €€

SPORT & SPASS

AQUA & NATURA
Weck den Tarzan in dir in diesem Kletter- und Adventure-Park an der T10 am nördlichen Ortsausgang. Dort kannst du auf sechs Parcours durch einen Eukalyptuswald kraxeln und dienstags und freitags auch Paintball spielen. *corse-canyoning-parc.com*

SUBAQUATIQUE CLUB PLONGÉE
Tauchclub am Hafen, der im Juli und August täglich hinausfährt. Das nötige Rüstzeug vermitteln Kurzkurse. *Tel. 04 95 57 44 19* | *sccn-solenzara.org*

STRÄNDE

Nördlich von Solenzara liegt der lange Sandstrand von *Scaffa Rossa.* Gen

Süden erschließt die T10 die breiten Sandbuchten von *Cannella, Favone* und *Tarcu*. Alle sind ausgestattet mit Strandbar oder Restaurant.

RUND UM SOLENZARA

14 BADEBECKEN ★

8 km südwestlich von Solenzara/ 15 Min. über die D268

Der Solenzara-Fluss ist talaufwärts ein Outdoorparadies mit Wildwasser zum Paddeln und vielen Badegumpen, die mit eiskaltem, klarem Bergwasser gefüllt sind. Wenn du an der Brücke nördlich von Solenzara ins Landesinnere abbiegst, erreichst du nach rund 7 km den öffentlichen Parkplatz beim Campingplatz U Rosumarinu. Unterhalb davon hat der Fluss ein tiefes Badebecken ausgewaschen. Zum kleinen Sandstrand auf der gegenüberliegenden Seite kommst du problemlos über große Steine im Fluss. *F13*

15 BACHWANDERN

20 km südwestlich von Solenzara/ 30 Min. über die D268

Der Polischellu-Bach hat auf seinem Weg ins Tal etliche Naturpools geschaffen, die du flussaufwärts in Badekleidung und Badeschuhen durchwandern und durchschwimmen kannst. Los geht es an der Brücke an der D268 ca. 3½ km hinter dem Col de Larone. *F13*

SCHÖNER SCHLAFEN IM OSTEN

NACHHALTIG NÄCHTIGEN

Die Sonne, die hier morgens überm Meer aufgeht, wird tagsüber zur Energieerzeugung genutzt, die Früchte zum Frühstück kommen aus dem eigenen Obstgarten und bei der Entsorgung wird auf Nachhaltigkeit Wert gelegt. Der *Écogîte (5 Zi. | Tel. 06 18 92 53 49 | gite-carbonaccio.com | €€)* von Cendrine und Sylvain liegt herrlich ab vom Schuss in *Chiatra* am Rand der Castagniccia.

DER SÜDEN

DREIKLANG AUS FELSEN, SONNE UND MEER

Pssst, behalte die schönen Flecken, die du hier findest, lieber für dich! Hier kannst du dich wie ein Entdecker fühlen, in versteckten Badebuchten chillen, durch zackig zerklüftete Berge wandern, urkorsische Städte und Dörfer erleben – und bist, mit Ausnahme von Hochburgen wie Propriano, Porto-Vecchio und Bonifacio, doch ganz weit weg vom Massentourismus.

Der Süden der Insel ist fest in der Hand von Individualreisenden. Viele kommen Jahr für Jahr wieder, um die Vielfalt der kleinen Buch-

Karibikflair am Mittelmeer: Plage de Santa Giulia bei Porto-Vecchio

ten und immer neue Gegenden des Binnenlands zu erkunden. Sie reisen mit dem eigenen Boot oder Auto oder mieten gleich am Flughafen einen fahrbaren Untersatz, denn sonst ist die Fortbewegung in dieser Region schwierig.
Wer lieber zu Fuß unterwegs sein möchte: Der Weitwanderweg Mare a Mare Sud verläuft in fünf abwechslungsreichen Tagesetappen von Porto-Vecchio durch die Alta Rocca nach Propriano an der Südwestküste.

DER SÜDEN

MARCO POLO HIGHLIGHTS

★ **COL DE BAVELLA**
Wandern und Weitblicke in der tollen Bergwelt ➤ S. 112

★ **BONIFACIO**
Bummeln durch die Gässchen der Oberstadt auf hohen Klippen ➤ S. 120

★ **FILITOSA**
Die größte Steinzeitsiedlung der Insel ➤ S. 117

★ **SARTÈNE**
Steil am Hang gestaffelt liegt die urtümlichste Stadt Korsikas ➤ S. 117

★ **CAPU DI ROCCAPINA**
Die idyllische Badebucht unterm Kap wird von einem steinernen Löwen bewacht ➤ S. 125

1 Col de Bavella
Prugna
4 Aullène
3 Quenza
Zérubia
Sorbollano
2 Zonza
Conca
Paccionitoli
Zoza
Alta Rocca
S. 112
Levie 6
5 Ste-Lucie-de-Tallano
Sainte-Lucie de Porto-Vecchio
Carbini
Pinarellu
Lecci
Orone
7 L'Ospedale
Araggio
Budriesa
Foce
T10
Palavesa
CORSE-DU-SUD
Cala Rossa
Muratello
Porto-Vecchio
S. 118
Arca
Plage de Palombaggia
Bocca del l'Oro
72 km, 1 ½ Std.
Sotta
Plage de Santa Giulia
Zuccaledda
Pianottoli-Caldarello
10 Domaine de Tanella
Figari
75 km, 1 Std. 40 Min.
Suartone
Baie de Rondinara
T10
T40
Plage de Stagnolu
11 Ermitage de la Trinité
Bonifacio
S. 120
Bouches de Bonifacio
Lavezzi-Inseln 13
5 km
3.11 mi

ALTA ROCCA

D–F 13–15 **Die Alta Rocca ist die Heimat der korsischen Seele: Hier wurden die ältesten menschlichen Spuren auf der Insel gefunden – geheimnisvolle Menhire und imposante Zyklopenmauern.**

Namensgeber war nicht die Geografie im südlichen Bergland, sondern die Adelsfamilie Della Rocca, die jahrhundertelang von Olmeto aus herrschte.

Die wenigen Straßen sind steil, kurvig und wegen der meist frei herumstreunenden Tiere vorsichtig zu befahren. Achtung: Die einzigen Tankstellen sind in Levie und Sainte-Lucie-de-Tallano. Am besten entdeckst du die schroffen Felsen und dichten Wälder im Schatten des Monte Incudine beim Wandern. Warum nicht einmal begleitet von einem Esel? *Paule Schlemaire (altaroccanes.com)* verleiht ihre Grautiere und führt dich auf kürzeren oder mehrtägigen Touren durch ihre bergige Heimat.

ZIELE IN DER ALTA ROCCA

1 COL DE BAVELLA ★

Von Solenzara startend, bringt dich die D 268 in vielen Kehren zu Korsikas schönstem Pass. Klar, dass bei diesem Blick aufs Meer und die Bilderbuchberge ringsum im Sommer reichlich Rummel herrscht. Doch sobald du vom Parkplatz an der Passhöhe auf 1218 m loswanderst, umgibt dich eine einsame, grandiose Bergwelt, die auch der GR 20 erschließt. Wandere durch Schwarzkiefernwald in zwei Stunden hin und zurück zum *Trou de la Bombe,* einem kreisrunden Loch im Kalkgestein. Zur schönen *Punta Velacu* südlich des Passes führen in anderthalb Stunden vier markierte, nicht so schwierige Wege. *E–F13*

2 ZONZA

Ringsum: riesige Kiefern-, Kastanien- und Steineichenwälder. Darüber: die Spitzen der Bavella *(Aiguilles de Bavella)* – der Blick vom Dorfplatz aus ist atemraubend. Zonza (2500 Ew.) wird immer beliebter, denn hier kreuzen sich alle Wanderstrecken. Dementsprechend groß ist die Café- und Restaurantauswahl. Im *La Terrasse (tgl. | Tel. 04 95 78 67 69 | hotel-delaterrasse-zonza.com | €€)* kannst du mit Bergblick schlemmen, einige Schritte weiter im *L'Authentique (tgl. | Tel. 06 20 56 44 60 | €)* an der Freiluftbar ordentliche Burger zum Bier futtern oder bei *Le Randonneur (tgl. | Tel. 04 95 78 69 97 | €–€€)* auf der großen Terrasse Lamm vom Grill, Pizza und leckere Salate genießen. Kreative korsische Gerichte wie kleine, mit *brocciu* gefüllte Krapfen, Wildschwein mit Feigen oder Kalb mit Orangenaromen kannst du dir bei *L'Aiglon (tgl. | Tel. 04 95 78 67 79 | hotel-zonza.com | €)* schmecken lassen.

Zonza ist auch ein MTB-Paradies. Junge Mountainbiker haben im *Bike Park Bavella (Route de Levie | bikepark-bavella.com)* einen ganzen Parcours mit 30 Strecken für Downhill-Freaks geschaffen. Wenn du dein Bike zu Hause gelassen hast, kannst du hier professionelles Material ausleihen. Auch geführte Touren von Bavella flussabwärts

Hier sieht sich ein waghalsiger Wanderer das „Bombenloch" am Col de Bavella aus der Nähe an

mit Badestopps an den besten Gumpen sind im Angebot. 🕮 E13

3 QUENZA

Das graue Granitdorf mit den gemütlichen Cafés entlang der Hauptstraße ist das Wanderzentrum der Alta Rocca. Wandern und reiten kannst du am besten auf dem *Hochplateau von Coscione*, tolle Badegumpen liegen am Bach Criviscia in Richtung Zonza. 🕮 E13

4 AULLÈNE

In dem steinernen Dorf mit altehrwürdigen Häusern, einer Kirche aus dem 17. Jh. und einem einmaligen Bergpanorama kreuzen sich zwei Hauptwege des Viehtriebs. Am schönsten: nach einer Wanderung durch die bewaldeten Höhen eine Pause auf der Terrasse des *Hôtel de la Poste*. Zwei schöne Aussichtspunkte sind gen Norden auf der D 69 der *Col de la Vaccia* (1193 m) und gen Westen auf der D 420 der *Col de St-Eustache* (995 m). 🕮 E13

5 STE-LUCIE-DE-TALLANO

Das Dorf im Rizzanese-Tal verströmt Mittelalteratmosphäre: Hoch wie Türme sind die Häuser, wehrhaft und abweisend drängen sie sich um den zentralen Platz mit € Trinkwasserbrunnen. „Torre" werden sie auch genannt und erinnern an Blutrache und Belagerung. In der restaurierten *Ölmühle Oliu di U Palazzu* werden feine AOC-Olivenöle verkauft.

Die alten Thermalquellen *Bains de Caldane (tgl. 9–20 Uhr | hotelresidence-caldane.com)* liegen 8 km südlich vom Ort in einem kleinen Park mit Liegestühlen. 38 Grad warm blubbert hier das schwefelhaltige Mineralwasser. Nach dem Bad lockt die kleine *Brasserie (tgl. | Tel. 04 95 77 00 34 | €€)* mit korsischer Küche. *D14*

6 LEVIE

Die „Dame von Bonifacio" macht das kleine Bergdorf (750 Ew.) zum Mekka der Vorzeitfans. Das rund 8600 Jahre alte Skelett der ältesten Inselbewohnerin ist das Highlight des *Musée de l'Alta Rocca (Juni–Sept. tgl. 10–18, Okt.–Mai Di–Sa 10–17 Uhr | D59 | short.travel/ksk22)* an der Straße nach Carbini. Gefunden wurde es in einer Höhle bei Bonifacio.

Ein paar Kilometer nördlich liegen die wuchtigen Steinzeitfestungen der Torreaner, *Cucuruzzu* und *Capula (Juni–Sept. tgl. 9.30–19, April/Mai und Okt. 9.30–18 Uhr)*. Auf einem markierten Rundweg unter Schwarzkiefern, Steineichen und knorrigen Kastanien kannst du sie erkunden. Beim *Mittelaltermarkt (medievalesdelevie.com)* Anfang September gibts Masken, Schaukämpfe und Spektakel. *E14*

INSIDER-TIPP
Feuerspucker und Drachenkämpfer

7 L'OSPEDALE

In 800 m Höhe thront das Bergnest über der Küste bei Porto-Vecchio. Hier locken Paradeblicke und schöne Wanderungen im gleichnamigen Wald, z. B. die anderthalbstündige Tour an den Wasserfall *Cascade de Piscia di Gallo*. 60 m zwängt sich dort der Osa durch eine enge Felsspalte in die Tiefe. Los gehts am Wanderparkplatz Piscia di Ghjaddu. *E14*

Geschützt im Golf von Valinco liegt Propriano mit seinen langen Sandstränden

PROPRIANO

C-D14 **Am Golfe de Valinco, der südlichsten Bucht entlang der Westküste, haben Taravo, Baracci und Rizzanese feinsandige, lange Strände geschaffen. Sie und die große Marina machen das tief im Golf liegende Propriano zum boomenden Badeort.**

Das Zentrum des 3700-Ew.-Städtchen bilden eigentlich nur die Flaniermeile zwischen Marina und Mole, die parallel gelegene Restaurantzone und die Geschäftsstraße Avenue Napoléon dahinter, die Feinkostläden, Boutiquen, Souvenirshops und Cafés säumen. Neubaugebiete umgeben den alten Kern, aus dem der Turm der Kirche Notre-Dame-de-la-Miséricorde aufragt.

ESSEN & TRINKEN

TEMPI FÀ

In dem urigen Delikatessengeschäft versteckt sich ein hübsch auf altmodisch gestyltes Bistro mit feiner Kost und ebensolchen Weinen. *Tgl. | 11, Avenue Napoléon III | Tel. 04 95 76 06 52 | tempifa.com | €€€*

TERRA COTTA

Thomas Duval mariniert Thunfisch am liebsten mit Cap-Corse-Likör: Freu dich auf kreative Meeresküche direkt am Kai! *So geschl. | 31, Avenue Napoléon III | Tel. 04 95 74 23 80 | €€–€€€*

CHEZ ANGÈLE

8 km nördlich am Strand von Campitellu gibt es bei Angèle eine der besten Pizzen ganz Korsikas. Wenn der Laden mal wieder zu voll sein sollte: Einfach eine Pizza zum Mitnehmen bestellen und aus dem Karton zum Sonnenuntergang am Strand genießen! *Mo geschl. | Tel. 04 95 21 91 90 | chezangele.fr | €€*

INSIDER-TIPP
Wellpappe statt warten

SPORT & SPASS

BARACCI NATURA

Adrenalinkicks beim Canyoning im Baracci-Bach, Klettergarten, Via Ferrata, Seilrutsche: Der Outdoorpark hält Angebote für Erwachsene wie Kinder bereit. *In der Saison tgl. 9–11 und 14–19 Uhr | Route de Baracci (D 257) | baraccinatura.fr*

STRÄNDE

Die Strände beginnen gen Süden gleich hinter dem Leuchtturm von Scoglio Longo mit der *Plage du Lido.* Ab dem Capu Laurosu schließen sich bis nach Portigliolo 4 km Strandvergnügen an mit der *Plage de Capu Laurosu* und der *Plage de Portigliolo* nördlich und südlich der Mündung des Rizzanese. Klein und fein dagegen liegt der *Strand von Belvédère-Campomoro* direkt am gleichnamigen Ort.

Richtung Norden blüht am goldgelben Granitsandstrand *Capicciolo* 9 km von Propriano blau die seltene Anchusa crispa (frz. *buglosse crépue*). Hinter der Punta di Porto Pollo liegen die besonders schönen Strände der *Baie de Cupabia.*

Blumentöpfe in jedem Winkel verschönern noch die engste Gasse in Sartènes Altstadt

RUND UM PROPRIANO

8 GOLF VON VALINCO

18 km bis zur Punta di Campomoro südwestlich von Propriano/30 Min. über die D 121

Dank kurviger Verbindungsstraßen liegt der Golf von Valinco etwas abseits der Hauptreiseströme und ist im Sommer trotz der Fährverbindung nach Marseille nicht überlaufen. Seine Ufer nähern sich einander bei den Landspitzen Punta di Campomoro und Punta di Porto Pollo auf nur sieben Kilometer an; traumhafte, feinsandige Strände säumen die Küste.

Unter Wasser sausen pfeilschnell Barrakudas, Brassen, Gabeldorsche und andere Fische zwischen schwarzen und roten Korallen umher. An Land kannst du auf alten Zöllnerwegen die Küste entdecken. Steig am Strand von Belvédère-Campomoro zur *Tour Gênois (April–Mitte Juni und Mitte Sept.–Okt. tgl. 10–18, Mitte Juni–Mitte Sept. 9–13 und 16–20 Uhr)* hinauf, dem größten Genueserturm der Insel.

INSIDER-TIPP **Was für ein Blick!**

Nach kurzem Aufstieg auf einem Naturpfad liegt dir der gesamte Golf von Valinco zu Füßen! Im Turm berichtet eine Ausstellung von Piraten- und Sarazenenüberfällen. Wieder am Boden umrundest du die Landspitze gen Süden und begegnest bizarren Skulpturen, die die salzige Gischt geformt hat! Zurück bringen dich drei Rundwege, anderthalb, drei und sieben Stunden lang. *C14*

9 FILITOSA ★

20 km nördlich von Propriano/ 30 Min. über die D 157 und D 57

Eindringlich blickt dich das Gesicht an. Es verzieht keine Miene, ist kaum zu erkennen: Eine Maske aus Stein, mehr als vier Jahrtausende alt, begrüßt dich in diesem Minidorf im unteren Taravo-Tal – willkommen in Korsikas Hauptstadt der Prähistorie. Filitosa erzählt von einem Kultur-Clash: Die Megalithiker unterlagen seinerzeit den eindringenden Torreanern. Sie hinterließen Gräber aus Großsteinen, Felshöhlen und sogenannte Zyklopenmauern in einem weiten Tal mit uralten Olivenbäumen. Ein ca. einstündiger Rundweg führt hindurch. *April–Okt. tgl. 9 Uhr–Sonnenuntergang | filitosa.fr |* *C13*

SARTÈNE

D14–15 ★ **Stadt der Blutrache: Früher herrschten Angst und Schrecken in Sartènes Granithäusern, die sich an einen Steilhang über dem fruchtbaren Tal des Rizzanese schmiegen.**

Über Jahrhunderte hinweg waren die Familien untereinander verfeindet. Bei Schießereien verschanzte sich die Bevölkerung in ihren fünf- bis sechsstöckigen Häusern, die Beteiligten rannten in den Gassen der Altstadt um ihr Leben. Weltberühmt als Anführerin der Fehden wurde eine 64-jährige Frau: Colomba Bartoli. Der Dichter Prosper Mérimée machte sie – als Novelle, Oper und Film – unsterblich und Sartène als „korsischste aller korsischen Städte" weltberühmt.

Ehemals war Sartène zweigeteilt in Santa Anna, die Liguriern vorbehaltene Altstadt, und Borgo, die Neustadt, in der sich von 1583 an Korsen ansiedeln durften. Heutiges Bindeglied mit Bars und Geschäften im Schatten von Platanen ist die alte Place Porta, die Frankreich flugs in Place de la Libération umbenannt hat. Pasquale Paolis Büste steht hier, die Kirche Ste-Marie läutet zum Kirchgang, im einstigen Gouverneurspalast residiert die Stadtverwaltung.

SIGHTSEEING

ALTSTADTGASSEN

Neben dem Rathaus führt ein Torbogen hinein ins Mittelalter. Gäbe es nicht den Blumenschmuck und kleine Lädchen mit lokalen Produkten, Souvenirs und Schmuck: Wie grimmig, finster und schaurig wäre es – das Grauen der Vendetta, hautnah zu spüren!

MUSÉE D'ARCHÉOLOGIE DE LA CORSE

Fundstücke zur Menschheitsgeschichte von der Vorzeit bis zum Erbe der Römer vereint der Flachbau oberhalb der Stadt: Sammlung und Aussicht sind einmalig! Ausgestellt sind Waffen, Schmuck, Vasen, steinernes Werkzeug, Menhire und Mosaiken, die Archäologen u.a. in Filitosa ausgegraben haben. *April/Mai Di–Sa 10–17, Juni–Okt. tgl. 10–18, Nov.–März Mo–Fr 9–16 Uhr | Boulevard Jacques Nicolai | short.travel/ksk23 | 1 Std.*

STE-MARIE

Alljährlich am Karfreitag schleppt ein Büßer ein mehr als 30 kg schweres Kreuz und eine 14 kg schwere Kette bei der *U-Catenacciu-Prozession* durch die Altstadt und vollzieht so den Opfergang Jesu nach. Seinen Kopf versteckt er unter einer roten Kappe, Kreuz und Kette warten links vom Hauptportal hier in der Kirche auf ihn.

ESSEN & TRINKEN

A CANTINETTA

Die rustikale Kellerbar schenkt die Weine des Sartenais sowie Myrten- und Orangenliköre aus, dazu werden Wurst- und Käseteller serviert. *März–Okt. tgl. | 29, Rue Médecin Capitaine Benedetti | Tel. 04 95 77 08 75 | €*

LA BERGERIE D'ACCIOLA

Auch wenn er etwas streng riecht: Der Käse *casgiu casanu,* den man hier als Beilage genießen kann, ist köstlich. Alternativ bestellst du auf der überdachten Terrasse der ehemaligen Schäferei mit Meerblick eine Käseterrine mit Kräutern oder herzhafte Pfannkuchen aus Kastanienmehl. Im kleinen Laden gibt es die Spezialitäten auch zum Mitnehmen! *Im Winter So geschl. | T40 9 km südlich | Tel. 04 95 77 14 00 | la-bergerie-acciola.fr | €–€€*

PERO LONGO

Der Name dieses Weinguts 17 km südlich an der T40 steht für süffige, biodynamisch hergestellte Weine, die du im Restaurant genießen kannst. *In der Saison tgl. | Tel. 04 95 77 07 11 | domaine-pero-longo.amenitiz.io | €–€€*

PORTO-VECCHIO

F15 **Geschützt von Korsikas größtem Korkeichenwald, den Kaps Punta San Ciprianu und Puntas di a Chiappa sowie seinem genuesischen Festungsgürtel liegt Porto-Vecchio am gleichnamigen Golf.**
Schon mit Beginn der Saison wandelt sich die drittgrößte Stadt Korsikas (11 000 Ew.) zur Flaniermeile für Urlauber, allerdings auch zum relativ teuren Pflaster.

SIGHTSEEING

ALTSTADT

Fünf Bastionen und Tore schützen die Oberstadt. Der schönste Aussichtspunkt liegt an der Porte Génoise: Vom Stadttor blickt man über den Hafen, auf die Stadt und ihre Küste. Von oben ist auch die letzte Saline der Insel zu sehen, in der noch bis 1989 Salz gewonnen wurde. Im Sommer ist die alte Oberstadt autofrei. Dann pulsiert in ihren kleinen Gassen mit Lokalen und Lädchen bis tief in die Nacht südliche *joie de vivre.* Das lebendige Herz bildet die *Place de la République.*

HAFENVIERTEL

Fähren aus Livorno, Toulon, Marseille und Nizza laufen in der Saison den Fährhafen an, Freizeitskipper den großen Yachthafen – das sorgt für Trubel an der Wasserkante. Zahlreiche Restaurants laden ein, das Treiben beim Essen und Trinken zu verfolgen.

ESSEN & TRINKEN

A CANTINA DI L'ORRIU

Würste und Schinken baumeln von der Decke, die Regale sind mit Konfitüren und Honig gefüllt und aus den Flaschen fließt lokaler Wein: Die Cantina ist eine stimmungsvolle Weinbar samt Spezialitätenshop. Die wenigen Plätze an Tischen und Tresen sind schnell belegt. *April–Dez. tgl. | 5, Cours Napoléon | Tel. 04 95 70 26 21 | lorriu.fr | €€–€€€*

TAMARICCIU

Das Wasser ist glasklar, der Granitsand der Plage de Palombaggia 10 km südöstlich goldgelb bis rosa und die Terrasse direkt am Strand: Was für eine Szenerie – und dazu exquisite Küche (reservieren)! *Vor- und Nachsaison abends geschl. | Tel. 04 95 70 49 89 | tamaricciu.com | €€€*

STRÄNDE

Der Golf von Porto-Vecchio ist vor allem für seine idyllischen Buchten mit Traumstränden bekannt. Von Pinarellu 17 km nördlich bis zur Punta di Rondinara 20 km südlich erstrecken sich feinsandige Strände vor Schirmpinienhainen, tiefe Buchten wechseln sich ab mit Dünenständen mit Seen. Kleine vorgelagerte Inseln sind beliebte Ausflugsziele. Das angesagteste Restaurant ist *Le Rouf (Tel. 04 95 71 44 39 | lepinarello.com | €€€)* am *Strand von Pinarellu,* abends mit Livemusik in der Bar. In der Strandbar *Playa Salba (im Sommer tgl. | @playa_salba)* lässt sich das Strandleben etwas günstiger und mit ebenso tollem Blick auf die Bucht genießen.

In die Topstrände Europas einreihen können sich die *Plage de Palom-*

Im Mittelpunkt: Die Église St-Jean-Baptiste steht im Herzen der belebten Altstadt

baggia 10 km südöstlich und die *Plage de Santa Giulia* 8 km südlich: Traumstrände mit feinstem Sand, roten Felsen und sanften Fluten. In allen Blautönen schimmert das glasklare Badewasser: Karibikflair! Eine fast kreisrunde Liegewiese für Sonnenanbeter ist der abgelegene Strand an der *Baie de Rondinara* 20 km südlich. In der Saison wird es allerdings sehr voll, nur frühmorgens ist es dann noch perfekt.

AUSGEHEN & FEIERN

LA TAVERNE DU ROI

Korsische Klänge fürs Herz, schwärmen Gäste und Einheimische. *Im Sommer tgl., sonst Fr/Sa ab 22.30 Uhr | 43, Rue U Borgo (Porte Génoise)*

VIA NOTTE

DJs und Livebands bringen den größten Open-Air-Club der Insel zum Beben, ab 23 Uhr bis in den Morgen. *Juni–Sept. | Route de Porra Richtung Punta di a Chiappa | vianotte.com*

RUND UM PORTO-VECCHIO

10 DOMAINE DE TANELLA

20 km südwestlich von Porto-Vecchio/ 25 Min. über die D 859

Für die edlen Rotweincuvées lohnt sich ein Abstecher nach *Figari*. Nicht weniger lecker sind die Rosé- und Weißweine, die ausschließlich aus typisch korsischen Trauben gekeltert werden. *Di–Sa 9–12.30 und 15–18.30 Uhr | am nördlichen Ortseingang | domaine-tanella.com* | *E16*

TORREANER-BAUTEN

Das verschwundene Volk der Torreaner gibt den Forschern bis heute Rätsel auf. Spuren von ihnen findest du an der D 859 bei *Tappa*, wo noch Reste ihrer Wohnstätten zu sehen sind, und bei ihrer Kultstätte *Ceccia*, beide ca. 5 km von Porto-Vecchio. 6 km nördlich liegt nahe der T 10 eine weitere Kultstätte, *Torre*. Über die D 759 ist nach 7 km das *Castellu d'Arraghju* zu erreichen. Diese alte Bronzezeitfestung gehört zu den besterhaltenen Bauten. *F14–15*

BONIFACIO

E16–17 **60 m hohe Felswände und eine schmale Einfahrt schützen den Hafen von ★ Bonifacio (3000 Ew.).**

Hinter dem Kai ragen die Mauern der Festung empor. Sie schützten die alte Stadt zur Landseite hin. Richtung Meer ist sie so nahe an den Rand der ausgewaschenen Klippen gebaut, dass es stellenweise so wirkt, als könnte der nächste Sturm Felsen und Häuser in die Tiefe schleudern. Wandere am frühen Morgen, wenn die ersten Sonnenstrahlen die Klippen erleuchten, an der Küstenlinie entlang und bewundere die grandiosen An-

INSIDER-TIPP
Morgenrunde

Spektakuläre Lage: Bonifacio ist bis an die Abbruchkante der Kalkklippen gebaut

sichten, ehe du dich auf Entdeckungstour in die Altstadt begibst!

In der Nähe zu parken ist fast aussichtslos. Die Kurzzeitparkplätze P1 und P2 am Hafen sind teuer, der Parkplatz am Friedhof in der Oberstadt ist schnell überfüllt. Jeden Sommer gleicht die Zufahrt einem Endlosstau. Park daher besser gleich auf den Großparkplätzen *Les Vallis* am nördlichen Ortseingang oder *Monte Leone* (mit Shuttleservice) an der D 58. Das geht immer noch schneller als die fast immer zwecklose Parkplatzsuche am Hafen.

Bummle dann am Kai vorbei an den Fischern, auf der breiten Treppenstraße Montée Rastello hinauf zum Col St-Roch und weiter bis zur *Porte de Gênes*. Das massive Genuesertor war bis ins 19. Jh. der einzige Zugang zur Oberstadt. In der Saison drängen sich die Massen durch die engen Gassen.

Was wie Stützstreben für die Häuser aussieht, sind Wasserleitungen. Ab dem 14. Jh. floss durch sie der Regen in die zentrale Zisterne unter der Église Ste-Marie-Majeure. Vor der Kirche treffen sich die Einheimischen unter der Loggia. Früher wurde hier Gericht gehalten, heute wird in den Lokalen ringsum getafelt. Auf den Tisch kommt eine lokale Spezialität: *aubergines farcies à la bonifacienne*, Auberginen mit Hackfüllung.

INSIDER-TIPP
Gemüsestar

SIGHTSEEING

BASTION DE L'ÉTENDARD

Neben der Porte de Gênes blättert die mit 25 m höchste Festung Frankreichs die Stadtgeschichte auf. Vom Dach hast du unvergleichliche Blicke auf die Klippen! Gleich nebenan liegt der vielleicht schönste Bouleplatz der Welt: Die *Place du Marché* thront auf einer Bastion hoch über den Klippen der Felsenstadt mit bestem Blick auf das Kap von Pertusatu und das nur 10 km Luftlinie entfernte Capo Testa auf Sardinien. *April–Okt. tgl. 10–15.30 Uhr*

ST-DOMINIQUE & STE-MARIE-MAJEURE

St-Dominique von 1243 ist die einzige gotische Kirche Korsikas – ihr Glockenturm ist achteckig! Ältestes Gebäude der Stadt ist die Kirche *Ste-Marie-Majeure,* die Pisaner im 12. Jh. erbauten – doch erst im 14. Jh. gab's den Glockenturm.

ESCALIER DU ROI D'ARAGON

Angeblich wurde die Treppe 1420 in einer Nacht in den Fels geschlagen. 187 steile Stufen führen hinunter zu einem Plateau über dem Meer und unter den Klippen. Feste Schuhe und Leihhelm sind Pflicht! *Nur im Sommer tgl. 10–16 Uhr bei trockenem Wetter und ruhiger See*

LE BOSCO

Bosco heißt Wald – früher war das Hochplateau mit Oliven- und Wacholderbäumen dicht bewachsen. Heute erheben sich hier die Ruinen einer Windmühle und das Kloster St-François. Lauf die Treppe zum *Gouvernail (Mai–Okt. tgl. 10–18 Uhr)* hinab: Vom Felsvorsprung der südlichsten Landspitze hast du die spektakuläre Hafeneinfahrt im Blick.

CIMETIÈRE MARIN

An der Spitze der Halbinsel Le Bosco platzt im Hof des einstigen Klosters St-François der südlichste Friedhof Frankreichs aus allen Nähten: Familiengrüfte, Marmormausoleen und einfache Gräber mit Eisenkreuz drängen sich im Friedhof der Seeleute, der im Trubel der Hochsaison eine Oase der Ruhe ist.

ESSEN & TRINKEN

CICCIO

Frische, gehobene Marktküche, mal klassisch (Lasagne), mal raffiniert (Ra-

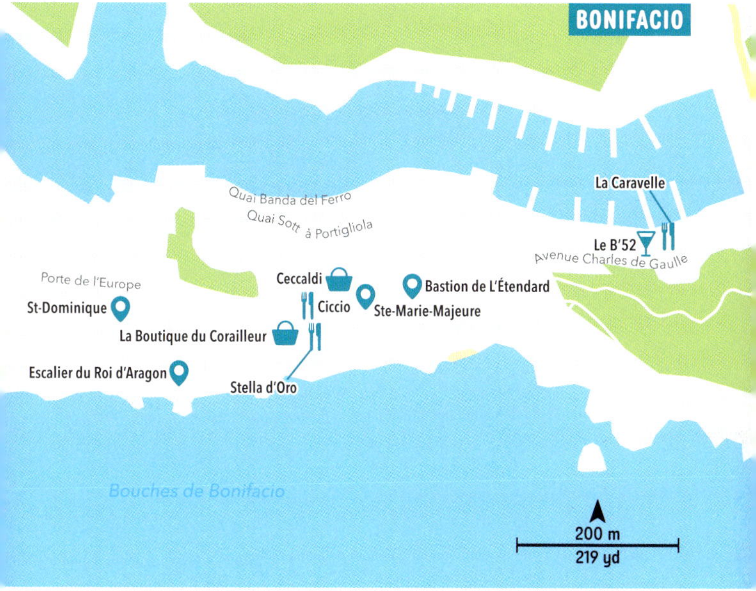

violi mit Seeigel) in zwei gegenüberliegenden Lokalen in der Oberstadt. *Tgl. | 9, Rue St-Jean-Baptiste | Tel. 06 16 98 81 68 | cicciobonifacio.com | €€€*

STELLA D'ORO

Im Bassin schwimmen Hummer, eine alte Ölpresse und Holzdecken sorgen für ländliches Ambiente, aus der Küche kommt das Beste vom Land und aus dem Meer. Unbedingt reservieren! *Tgl. | 7, Rue Doria | Tel. 06 24 91 56 21 | restaurant-stelladoro-bonifacio.com | €€€*

LA CARAVELLE

Feine Meeresküche von Anthony Bourguignon und Glenn Viel am Hafenkai – im Sommer auf der Terrasse. *Tgl. | 35, Quai Jérôme Comparetti | Tel. 06 87 99 58 35 | hotelcaravelle.fr | €€–€€€*

SHOPPEN

CECCALDI

Messer, scharf kombiniert: Die Ceccaldis stellen traditionelle Hirtenmesser her, das typisch korsische Klappmesser *(curnicciulu)*, aber auch Küchen- und Tafelmesser in elegantem Design, mit Griffen aus Holz oder Horn. *15, Rue du Palais | couteaux-ceccaldi.com*

LA BOUTIQUE DU CORAILLEUR

Jean-Philippe Giordano gehört zu den wenigen, die die seltenen roten Edelkorallen im Mittelmeer ernten dürfen. Juweliere von Aphrodite Créations fertigen daraus schmückende Unikate. *3, Place Montepagano | corail-rouge.com*

Einen Tag lang baden und schnorcheln: Per Boot gehts auf die unbewohnten Lavezzi-Inseln

STRÄNDE

Am *Leuchtturm von Pertusato* (6 km entlang der Küstenstraße) sind Abstiege auf flache Felsen möglich. Für einen breiten, familienfreundlichen Strand fährst du am besten nach Osten zur *Plage de Piantarella*. Läuft man von der Anlegestelle nach Süden zur Landspitze, kann man zur vorgelagerten Insel schwimmen. Die D 58 führt zu den hübschen Stränden *Sant'Amanza* und *Maora* – Wind- und Kitesurfreviere! Die Orte wechseln je nach Windrichtung und -stärke – vorher anrufen: *Corsica Kiteboarding (Tel. 06 75 01 50 04 | corsica-kiteboarding.com).* In Richtung Sartène liegt vor dem Sandstrand *Plage de Tonnara* eine Badebucht mit Karibikflair, die *Plage de Stagnolu*.

AUSGEHEN & FEIERN

LE B'52

Café, Lounge, Bar und Club: vom Frühstück bis zum Absacker herrscht gute Laune. In der Hochsaison jeden Abend DJs live, außerhalb am Wochenende. *37, Quai Jérôme Comparetti | @b52bonifacio*

RUND UM BONIFACIO

11 ERMITAGE DE LA TRINITÉ

8 km nordwestlich von Bonifacio/ 15 Min. über die T40

Bizarr geformte Felsen, Olivenbäume, Steineichen und tief unter dir das Meer: Die 200 m hoch gelegene Einsiedelei wurde schon in der Antike als heiliger Ort empfunden. Das frühchristliche Kloster nutzten später Franziskanermönche. Heute wird hier vor allem gepicknickt und gewandert: zur *Plage de Paraganu* in einer einsamen Bucht mit türkisblauem Wasser

INSIDER-TIPP
Zu Besuch bei Robinson Crusoe

und zum Leuchtturm am Capo di Feno. E16

12 CAPU DI ROCCAPINA ★

30 km nordwestlich von Bonifacio/ 40 Min. über die T40

Auf der Fahrt nach Nordwesten siehst du auf der Höhe von Pianottoli den 300 t schweren *L'Uomo di Cagna* auf einem Gebirgskamm nördlich der Straße ruhen: In der Antike diente der Wackelstein als Orientierungspunkt. Nach weiteren 10 km erreichst du eine kleine Passhöhe: Gegenüber hat sich ein steinerner Löwe über der türkisfarbenen Badebucht *Plage de Roccapina* ausgestreckt: der *Rocher du Lion* am Capu di Roccapina. Die *Casa di Roccapina* erläutert, wie die Erosion solche *tafoni* geschaffen hat. Das Kap selbst kannst du auf dem *Caminu de l'Oriu* und dem *Caminu di a Punta* entdecken, vorbei an in der Macchia verborgenen ausgehöhlten Felsen. Oder klettere hoch zum Genueserturm: Die Aussicht lohnt den Weg! D16

13 LAVEZZI-INSELN

30–45 Min. mit dem Boot

100 Felseninseln und Granitriffe, unbewohnt und faszinierend ursprünglich über und unter Wasser: Der Archipel der *Îles Lavezzi* markiert den südlichsten Punkt Frankreichs in Europa – und ist als *Réserve Naturelle des Bouches de Bonifacio (rnbb.fr)* geschützt. In der Hochsaison steuern Ausflugsschiffe die Inseln an: Fahr am besten mit einem Glasbodenboot und nimm Picknick, Bade- und Schnorchelsachen mit! *spmbonifacio.com* | F17

GROTTENFAHRTEN

Grottes, falaises, calanques: Alle Ausflugsboote im Hafen schippern – nur bei ruhiger See! – an den imposanten Klippen entlang in tiefe, dunkle Höhlen, meist mit Glasbodenbooten. In der *Sdragonato-Grotte* haben Regen und Wellen ein Fenster zum Himmel in der Form der Insel ausgespült. *spmbonifacio.com*

SCHÖNER SCHLAFEN IM SÜDEN

LUXUS MIT CHARME

Mitten in den eigenen Weingärten versteckt sich das kleine Luxusresort – nur für Erwachsene! – *Domaine de Peretti della Rocca (Route de Pruno | Tel. 04 95 72 96 81 | deperettidellarocca.com | €€€)* in den Hügeln von *Figari*. Es gibt nur vier Designzimmer mit eigenem mediterranem Garten nur für Erwachsene. Das opulente Frühstück wird am Pool unter Steineichen serviert.

ERLEBNIS TOUREN

Lust, die Besonderheiten der Region zu entdecken? Dann sind die Erlebnistouren genau das Richtige für dich! Ganz einfach wird es mit der MARCO POLO Touren-App: Die Tour über den QR-Code aufs Smartphone laden – und auch offline die perfekte Orientierung haben.

1 VOM MEER INS HOCHGEBIRGE UND ZURÜCK

- In erfrischenden Gumpen baden
- Korsikas Bergwelt entdecken
- Steinzeiterbe im Zauberwald bestaunen

Solenzara

Porto-Vecchio

135 km

1 Tag, reine Fahrzeit 4 Stunden

Wer unterwegs wandern will, sollte möglichst die IGN-Wanderkarte 4253ET mitnehmen.
Den Tisch im 6 **A Pignata** mit festem Menü musst du zwingend vorab reservieren.

Weitblicke ohne Ende: unterwegs auf dem Fernwanderweg Mare e Monti Sud

Von ❶ Solenzara ➤ S. 105 geht es *am Ende des Orts, vor der Brücke über den gleichnamigen Fluss, auf die D 268.* Zunächst führt die Straße noch durch Macchia, doch bald werden die Bäume entlang der Strecke höher. *Nach etwa 10 km* kommst du dem Wasserlauf ganz nah: Spring in die beiden ❷ Badegumpen ➤ S. 107, klettere über die Felsen und erfrisch dich beim Planschen. Danach fährst du weiter über die gewundene Straße, immer neue Panoramen vor Augen. An der ❸ Bocca di Larone *biegt in der ersten Kurve hinter dem Pass rechts ein Weg ab.* Hier kannst du zu herrlichen Wasserfällen wandern (5 km, zwei Stunden hin und zurück). Der Weg ist gut ausgetreten, aber nicht markiert und erfordert Kondition. Wer mag, legt schon eine frühe Picknickpause ein, bevor es wieder bergauf geht. Auf der Weiterfahrt wird die Aussicht mit jeder Kurve phantastischer, bis die Gebirgsketten sich vereinen.

❶ Solenzara
11 km
❷ Badegumpen
7 km
❸ Bocca di Larone
16 km

ZU BESUCH BEI MUFFLONS

Dann führt die Straße hinauf in einen kühlen Nadelwald, den Forêt de Bavella. Zwischen seinen fast 1000 Jahre alten Schwarzkiefern blühen Alpenveilchen, Anemonen, Akeleien auf tiefgrünen Wiesen. Beweg dich weg vom chaotischen Wanderparkplatz – abseits der

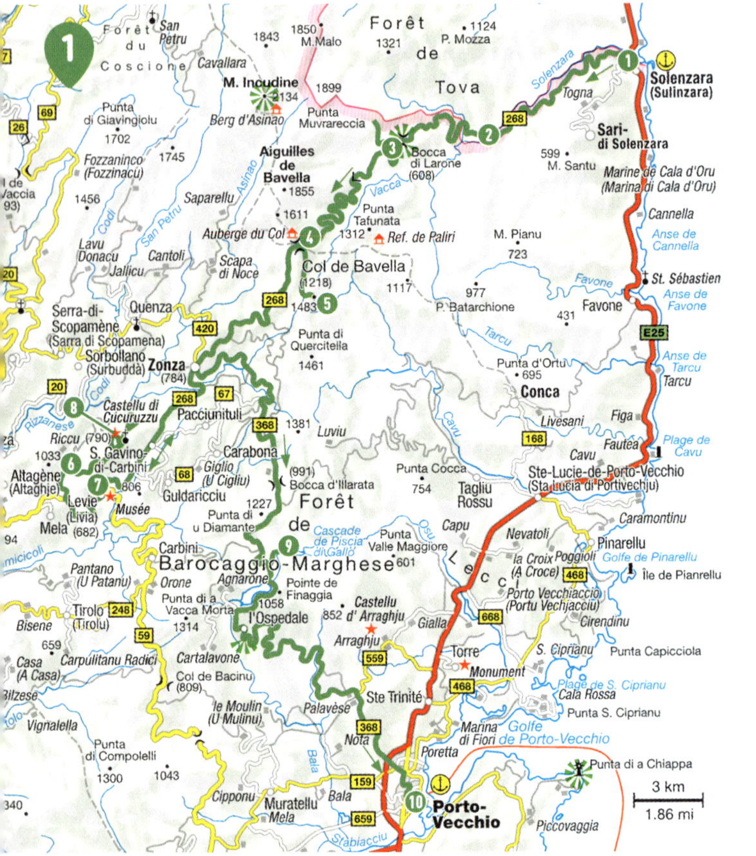

❹ Col de Bavella

4 km

❺ U Cumpuleddu

23 km

Massen kannst du mit etwas Glück ein paar der seltenen Mufflons erspähen. Auf 1218 m am ❹ Col de Bavella ➤ S. 112 gibt es auch einen Trinkwasserbrunnen und die Auberge du Col de Bavella, die Wanderer am GR 20 mit Hausmannskost und Stockbetten empfängt. Die Marienstatue Notre-Dame-des-Neiges (Maria Schnee) ist immer am 5. August Ziel einer Wallfahrt. Vom Parkplatz führt *südlich des Passes* eine ausgeschilderte einstündige Wanderung zum ❺ U Cumpuleddu, wie die Korsen das *Trou de la Bombe*, das „Bombenloch" nennen – ein imposantes, 8 m großes Loch im Fels, auf das man von einem Felstor aus einen Blick werfen kann, wenn man ein kleines Stück hinaufklettert.

Die Marienstatue am Bavella-Pass wird im August zum Wallfahrtsziel

BÄUERLICHE KÜCHE UND EIN AUSFLUG IN DIE BRONZEZEIT

Hinter dem Pass erreichst du *auf der D268* rasch die hübschen Orte Zonza ➤ S. 112 und Levie ➤ S. 114. In paradiesisch-ländlicher Atmosphäre kannst du – wenn du vorab reserviert hast! – am späten Mittag *5 km westlich von Levie* in der *ferme auberge* ❻ A Pignata *(Route du Pianu | Tel. 04 95 78 41 90 | apignata.com | €€-€€€)* allerfeinste korsische Küche mit vielen Produkten aus eigener Herstellung genießen. Es liegt ein bisschen versteckt: *Folg der Straße bis kurz vor Cucuruzzu und bieg links auf eine Piste ab.*

Informier dich danach in Levie im ❼ Musée de l'Alta Rocca ➤ S. 114 über die nahen Bronzezeitsiedlungen. Zu den Ausgrabungsstätten *biegst du 3½ km hinter Levie in einer Kurve rechts ab und folgst 3½ km der Stichstraße bis zu einem Parkplatz.* Von dort führt eine anderthalbstündige Rundwanderung durch einen bemoosten Zauberwald aus Steineichen, Schwarzkiefern und Kastanien zu den beiden in der Bronzezeit entstandenen Anlagen von ❽ Cucuruzzu und Capula ➤ S. 114. Letztere wurde zur Burg ausgebaut, war noch bis ins Mittelalter bewohnt und wird heute von einem abgebrochenen Menhir bewacht. Von beiden Siedlungen aus hast du schöne Ausblicke bis zum Bavella-Massiv.

ZUM WASSERFALL UND ZURÜCK AN DIE KÜSTE

Nun geht es zurück nach Zonza; von dort führt die D 368 Richtung Süden wieder durch herrliche Wälder. Ein hübscher Spaziergang (6 km, hin und zurück rund anderthalb Stunden) bringt dich zum Wasserfall ❾ Piscia di Gallo ➤ S. 114. Sein Ausgangspunkt liegt *ca. 4 km vor der Staumauer des Barrage de L'Ospedale an einem großen Parkplatz mit Kiosk. Der Weg zweigt links ab und führt durch den Wald bergab* zum rund 60 m ho-

❻ A Pignata
6 km
❼ Musée de l'Alta Rocca
10 km
❽ Cucuruzzu und Capula
39 km
❾ Piscia di Gallo
25 km

⑩ Porto-Vecchio

hen Wasserfall. *Zurück am Parkplatz, startest du wieder mit dem Auto und erreichst am frühen Abend über die D 358 den beliebten Ferienort* ⑩ **Porto-Vecchio** ➤ S. 118. Dort kannst du nach einem entspannten Stadt- und Hafenbummel ein typisch korsisches Diner im Bistro **A Cantina di L'Orriu** ➤ S. 119 genießen.

❷ STEINZEIT, WEINGÜTER UND MEERESSTRAND

- ➤ Die Magie der Menhire von Filitosa
- ➤ Traumhafte Weine probieren
- ➤ Schnorchelabenteuer und chillen am Strand

Propriano — Porto Pollo

50 km — 1 Tag, reine Fahrzeit 1 Stunde

Montag und Dienstag sind Ruhetage im Restaurant **Le Frère** der ❹ **Domaine Comte Abbatucci**, das von Mitte April bis Ende September geöffnet ist.
Den Tisch im Restaurant **L'Escale** in ❻ **Porto Pollo** besser reservieren.
Beide Weingüter, zu denen die Tour führt, sind über Mittag geschlossen.
Rückfahrt vom Endpunkt der Tour nach Propriano ca. 20 km

① Propriano
20 km
② Filitosa
8 km

Du startest im lebendigen Urlaubsort ① **Propriano** ➤ S. 115 am Golf von Valinco und fährst zunächst *auf der T40 nach Norden. Noch an der Bucht biegst du auf die D 157 ab und kurz nachdem diese von der Küste wegführt auf die D 57 nach* ② **Filitosa** ➤ S. 117. Korsikas bedeutendste prähistorische **Ausgrabungsstätte** präsentiert dir auf einem rund zweistündigen Rundgang mit Audio-Infosäulen eine geheimnisvolle Megalithkultur, die bis ins 6. Jahrtausend vor Christus zurückreicht. Um den Eingang haben Kunsthandwerker und Erzeuger aus der Region ihre Stände aufgestellt.

Keramik, Honig, Konfitüren, Käse, Wein, eingelegte Kastanien: lauter authentische Produkte, perfekt als Souvenir oder Mitbringsel! *Dann steht eine Fahrt durch enge Kurven hinauf nach* ❸ **Sollacaro** an, das als einstiger Hauptort über dem unteren Taravo-Tal thront. Von hier regierte die Familie Colonna d'Istria bisweilen sehr despotisch über das Sartenais. Die **Festungsruine** liegt oberhalb des Dorfs. Nach einem Spaziergang geht es *zurück bis zum Abzweig der D 57. Folg dann der D 302 nach Calzola.*

❸ Sollacaro

7 km

BESUCH BEI EINER WINZERFAMILIE

Kurz vor der alten Brücke liegt das Biodynamik-Weingut ❹ **Domaine Comte Abbatucci** *(domaine-abbatucci.com)*. Die Cuvées aus den einheimischen Rebsorten Vermentinu, Sciaccarellu und Niellucciu kannst du im kleinen **Restaurant Le Frère** *(Mo/Di geschl. | Tel. 04 95 24 36 30 | restaurantlefrere.com | €€)* probieren, das ein Bruder der beiden Winzer betreibt. *Bieg dazu ein Stück weiter an der Auberge U Mulinu rechts ein.* Auf der Terrasse des Restaurants, die mitten in der Macchia liegt, kommen korsische Spezialitäten vom Lamm und der alten Rinderrasse Vache Tigre auf den Tisch.

INSIDER-TIPP
Fleischeslust

❹ Domaine Comte Abbatucci

7 km

Gleich am Anfang der Tour hast du diesen Blick von Norden auf Propriano in der Bucht

Nach dem Essen geht es weiter *über die D 757 Richtung Porto Pollo. Etwa auf halber Strecke dahin liegt links der Straße* der unauffällige Weinkeller der ❺ **Domaine de Pratavone** *(Tel. 04 95 24 34 11 | domainedepratavone.com):* Entdeck ihren vielfach prämierten Wein, der auch ab Keller verkauft wird, bei einer Verkostung. Nach den vielen Kurven ist es Zeit, ans Meer zu kommen: *Die D 757 endet im Städtchen* ❻ **Porto Pollo** am Golfe de Valinco. Vom breiten Sandstrand kannst du zum Schnorchelabenteuer starten – das Wasser wird dort recht schnell tief: perfekt! Ideal zum Tagesausklang ist ein Abendessen im **L'Escale** *(April–Okt. tgl. | Tel. 09 74 56 64 29 | lescale-corse.fr | €€).* Direkt am Strand serviert es Fisch und Seafood – Sonnenuntergang inklusive!

❺ Domaine de Pratavone

10 km

❻ Porto Pollo

Goldenes Kastanienlaub vor schneebedeckten Gipfeln: Herbst in der Castagniccia

③ BERGWALD UND KULTUR: DIE CASTAGNICCIA

- Kurven durch Kastanienwälder
- Besuch bei Korsikas Freiheitsheld
- Sundowner am Lido

Casamozza

Moriani-Plage

150 km

1 Tag, reine Fahrzeit 5 Stunden

Zur besseren Orientierung hilfreich ist die IGN-Karte 175 Bastia–Corte.
Einen Tisch im **L'Ampugnani** in ④ **La Porta** solltest du reservieren.

① Casamozza

34 km

② Ponte Novu

23 km

Starte möglichst früh an der Ostküste bei ① Casamozza *ca. 20 km südlich von Bastia. Die Route folgt zunächst der T20 und dem Flusslauf des Golo nach Westen; in Barchetta geht es rechts ab auf die D 15 und über Campitello und Bigorno* auf der Panoramastraße in eine Höhe von 450 m. Jede Haarnadelkurve bringt neue Aussichten, die über das Golo-Tal weit bis zu den Hochgebirgsgipfeln reichen. *Über die D 5 bei Lento kehrst du wieder zurück zur T20.* Kurz darauf erreichst du bei ② Ponte Novu die verfallene Steinbogenbrücke über den Golo. Hier verlor Pasquale Paoli, der große korsische Freiheitskämpfer, mit seinen Truppen am 8. Mai 1769 die entscheidende Schlacht gegen die Franzosen. Seitdem gehört Korsika zu Frankreich. Ein Denkmal erinnert an die Toten.

ABENTEUERLICHE FAHRT IN KORSIKAS HERZ

In Ponte Leccia *musst du kurz vor der großen Golo-Brücke links auf die D 71 abbiegen,* die auf 750 m Höhe führt. Niedrige Haine mit Olivenbäumen und Korkeichen bestimmen die Landschaft. So kommst du nach Morosaglia ➤ S. 100. Pflichtbesuch im Geburtsort von Pasquale Paoli: dessen Geburtshaus am östlichen Orts-

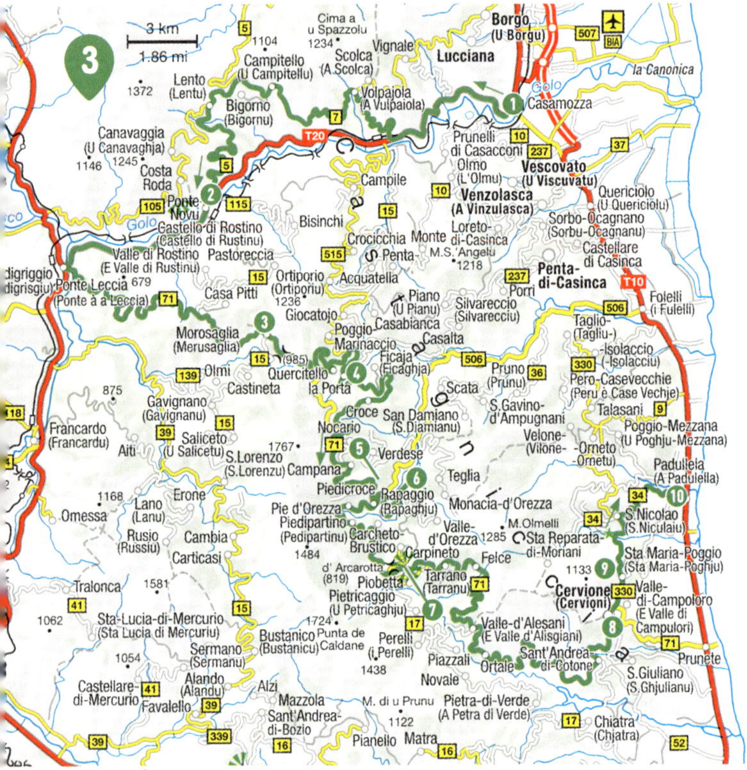

③ Musée Pasquale Paoli

11 km

④ La Porta

14 km

ausgang, das ③ **Musée Pasquale Paoli ➤ S. 100**. Hier bist du mitten in der Castagniccia. *Folg der Straße hinauf bis zum* **Col de Prato** (985 m), der den Blick freigibt bis zur Ostküste. Wenige winzige Dörfer ragen mit ihren von der Sonne angestrahlten Mauern wie Inseln aus einem grünen Waldmeer hervor.

Hinter dem Pass gabelt sich die Straße nach etwa 5 km. Links ab lohnt ein Abstecher nach ④ **La Porta** – schon wegen seiner Barockkirche mit dem frei stehenden **Glockenturm**, dem wohl schönsten der Insel, aber auch wegen der leckeren regionalen Küche im auch als Chez Elisabeth bekannten Restaurant **L'Ampugnani** *(tgl., im Winter nur So | Tel. 04 95 39 22 00 | €€) an der D 515. Die Route führt anschließend weiter in Richtung Piedicroce.* Nach einer Kurve überrascht dich die schon fast völlig überwucherte Ruine des ❺ Couvent d'Orezza ➤ S. 100. Das ehemalige Franziskanerkloster war einst das Zentrum der korsischen Unabhängigkeitsbewegung. Ein kurzer *Abstecher nach links über die D506/D46* bringt dich zum früheren Heilbad Eaux d'Orezza mit seiner ❻ Quelle ➤ S. 100. Das Wasser, das inselweit als Sprudelwasser verkauft wird, ist ungefiltert allerdings ziemlich ungenießbar.

INSIDER-TIPP
Aufschnitt mit Ausblick

Weiter geht es gen Süden auf der D71. Hinter dem Col d'Arcarotta ist Zeit für einen preiswerten Imbiss, etwa einen Teller mit korsischer *charcuterie*. Für den sorgt am Berg die ❼ Auberge des Deux Vallées ➤ S. 99. Später, *schon auf dem Weg nach Norden,* taucht ❽ Cervione ➤ S. 99 malerisch am Hang auf, umgeben von Weinbergen, Edelkastanien- und Olivenhainen. Hier kannst du dem Schicksal des „Königs von Korsika" im liebevoll eingerichteten Stadtmuseum nachspüren. Cafés und Restaurants mit Blick aufs Meer laden zu einer Pause ein.

AUF DER PANORAMASTRECKE DER CASTAGNICCIA

Kurz hinter dem Ort führt die Route von der Hauptstraße links ab auf die D330 nach Santa-Maria-Poggio. Hier beginnt die ❾ Corniche de la Castagniccia ➤ S. 97, eine der schönsten Panoramastrecken Korsikas. Unterwegs duftet an den Hängen die Macchia, blüht gelb der Ginster, drängen sich Edelkastanien auf verwilderten Terrassen und im Tal erstreckt sich die fruchtbare Ebene der Costa Verde. *Über San Nicolao geht es weiter in Richtung Santa-Lucia-di-Moriani.* Die Landschaft strotzt in diesem Abschnitt nur so vor üppigem Grün, durchzogen von kleinen Wasserfällen. Die Straße schmiegt sich an den steilen Hang und bietet immer wieder tolle Blicke auf die Küste. *Sie erreichst du auf der D34 in* ❿ Moriani-Plage ➤ S. 96, wo ein großer Sandstrand wartet. Lass dir hier einen Sundowner im Le Lido *(Mai–Sept. tgl. | lido-plage.fr)* mit Blick aufs Meer servieren: Wetten, du denkst dir jetzt: Nach Korsika komm ich wieder!

❺ Couvent d'Orezza
5 km
❻ Quelle
13 km
❼ Auberge des Deux Vallées
26 km
❽ Cervione
4 km
❾ Corniche de la Castagniccia
8 km
❿ Moriani-Plage

GUT ZU WISSEN

DIE BASICS FÜR DEINEN URLAUB

ANKOMMEN

ANREISE

Von Mai bis Ende September starten Eurowings, Easyjet, Lufthansa und Swiss von vielen Städten aus zu den vier korsischen Flughäfen Ajaccio, Calvi, Bastia und Figari, ganzjährig nur Air France und Air Corsica via Paris. Rhomberg Reisen bietet Direktcharter ab der Bodenseeregion und Österreich. Nur in Ajaccio und Bastia fahren Shuttlebusse *(navettes)* vom Flughafen ins Stadtzentrum.

Corsica Linea (corsicalinea.com) schippert von Marseille über Nacht in elf bis 14 Stunden nach Ajaccio, Bastia, L'Île-Rousse und Porto-Vecchio. Ebenfalls von Marseille fährt *La Meridionale (lameridionale.fr)* ganzjährig die Häfen Ajaccio, Bastia und Propriano an. Preiswerter kommst du von Toulon, Nizza, Livorno oder Savona mit den Autofähren von *Corsica Ferries (corsica-ferries.de)* nach Porto-Vecchio, L'Île-Rousse, Ajaccio und Bastia. *Moby Lines (mobylines.de)* fährt von Genua und Livorno nach Bastia. Tipp: Vergleich die Preise auf Vergleichsportalen, buch dann aber direkt bei der Fährgesellschaft. Die Häfen sind auch per Bahn erreichbar, allerdings sind die Fahrpläne nicht aufeinander abgestimmt.

AUSKUNFT VOR DER REISE

Die Französische Zentrale für Tourismus Atout France ist nur noch online präsent:
- *info.de@france.fr | de.france.fr*
- *info.at@france.fr*
- *info.ch@france.fr*
- *Facebook: ExploreFrance*
- *twitter.com/DE_AtoutFrance*

KLIMA & REISEZEIT

Korsika hat im Schnitt 230 Sonnentage pro Jahr mit heißen Sommern. Top

Schmal und kurvig: Das ist der kleinste gemeinsame Nenner (fast) aller Straßen auf Korsika

für Touren sind Mai und Juni mit ihrer Blütenpower und September/Oktober, wenn das Laub sich bunt färbt, aber das Mittelmeer noch badewarm ist. Der Winter ist an der Küste mild und sonnig, im Inselinnern hingegen feucht und bibberkalt. Viele Hotels sind nur von April bis Mitte Oktober geöffnet.

WEITERKOMMEN

AUTO

An der Küste sind die Hauptstraßen gut ausgebaut und gesichert. Im Inselinnern jedoch verlaufen oft schmale, sehr kurvige Strecken, auf denen dir halbwilde Schweine und frei laufende Ziegen begegnen können. Auf allen Landstraßen gilt Tempo 80, in Ortschaften liegt das Limit bei 50, mitunter auch bei 30 km/h. Auf Bergstrecken haben bergauf fahrende Fahrzeuge Vorfahrt. Außer dem Telefonieren ist in Frankreich auch das Rauchen und Essen am Steuer verboten. Die Promillegrenze liegt bei 0,5 und für jeden Passagier muss eine reflektierende Weste im Wagen mitgeführt werden, die bei Panne oder Unfall außerorts angelegt werden muss. Bei der Routenplanung kannst du dich in der Regel auf Google Maps verlassen, plan die Fahrzeiten aber immer großzügig!

FAHRRAD

Wer mit dem Rad unterwegs ist, muss abends oder bei schlechter Sicht eine Warnweste tragen. Wer sich ohne erwischen lässt, ist mit 35 Euro dabei. Für Kinder unter zwölf Jahren besteht Helmpflicht. Auf den *voies vertes* radelt man abseits von jeglichem motorisierten Verkehr.

MIETFAHRZEUGE

Deinen fahrbaren Untersatz solltest du schon zu Hause mieten – das wird billiger als auf Korsika. Echte Fun-Fahrzeuge sind die halb offenen Beachbuggies von *Corsica Ranger (ab 26 Euro/3 Std. | corsicaranger.com);* für Offroadtouren gibt es dort auch Quads für 670 Euro pro Woche. Vom Suzuki-Zweisitzer bis zum kraftvollen Mitsubishi mit sieben Sitzen vermietet *St. Flo (250 Euro/Tag | stflo4x4.com)* Allradwagen für Touren durch die Agriates und andere wilde Ecken bei St-Florent. E-Scooter und Motorräder vermieten *corsicamoto.com (Scooter 125 ccm 50 Euro/Tag, BMW F850 GS 140 Euro/Tag)* in Ajaccio. *Toga Locations (corsica automotorent.com)* bietet in Bastia zu ähnlichen Preisen Scooter und Motorräder an. Gute Fahrräder, E-Bikes und Mountainbikes gibt es auch bei *Location Velo Corse (ab 50 Euro/Tag | location-velo-corse.com)* in Bastia. E-Bikes heißen auf Französisch VAE, *vélos à assistance électrique,* Mountainbikes VTT, *vélos tout terrain.* Zwei Vermieter bieten auch Wohnmobile an: *aviscara way.com* an der D 81 bei Alata nahe Ajaccio und *blacksheep-van.com* mit Büro in Bastia.

ÖFFENTLICHE VERKEHRSMITTEL

Fast alle Orte lassen sich – meist morgens und am frühen Abend – auch mit Bus (oder Bahn) erreichen, doch das ist sehr zeitaufwendig. Die private Website *corsicabus.org* versucht Ordnung in das Linienchaos zu bringen, das von verschiedenen lokalen Gesellschaften betrieben wird. Gut hingegen sind die Stadtbus-Angebote in Ajaccio und Bastia. Tickets für die zwölf Muvistrada-Buslinien von Ajaccio gibt es papierlos aufs Handy *(Fahrt 1 Euro, Strandshuttle 3 Euro | mobilite.muvi tarra.fr).* In Bastia kostet das Einzelticket der 14 Linien *(viabastia.monbus.mobi)* 1,50 Euro.

Wie ein Y sieht das Netz der Schmalspurbahn aus, die die Korsen liebevoll *Micheline* nennen. Seit 1888 verbindet sie Ajaccio mit Bastia. In Ponte-Leccia zweigt die Strecke nach Calvi ab. Von Calvi bringt sie dich im Sommer als *Tramway de la Balagne* bzw. *Trinighellu* zu den schönsten Stränden an der Küste und bis nach L'Île-Rousse. Die einfache Fahrt von Bastia nach Ajaccio kostet 21,60 Euro, die Wochenkarte (Pass Libertà) für alle Strecken 50 Euro. *train-corse.com,* Fahrpreistabelle: *train-corse.com/tarif-de-base*

TAXI

Einmal am Straßenrand winken und schon steht das gelb-schwarze Taxi vor dir. Aber nachts und über Land musst du auf jeden Fall vorbuchen. Das gilt auch für Taxitransfers vom Flughafen, wenn du spät landest oder morgens früh fliegst. Die Tarife sind von Stadt zu Stadt unterschiedlich, sonn- und feiertags sowie nachts von 19 bis 7 Uhr wird's teurer. *taxis-de-france.com*

IM URLAUB

AUSKUNFT AUF KORSIKA

Die *Offices de Tourisme* bieten neben Auskünften meist auch Führungen

FESTE & EVENTS

RUND UMS JAHR

MÄRZ/APRIL

Fête de Notre-Dame de la Misericorde (Ajaccio): Madonnenprozession und Konzerte in den Straßen der Altstadt

Karfreitagsprozessionen u.a. in Erbalunga, Sartène und Corte

Festa di l'Oliu Novu (Ste-Lucie-de-Tallano), *Facebook:* Das neue Olivenöl wird gefeiert.

MAI/JUNI

A Fiera di u Casgiu (Venaco), *fromages-corse.org:* Käsemarkt

Nautival (Macinaggio): Meeresfest

St-Erasme (Ajaccio, Calvi, L'Île-Rousse, St-Florent): Fest des Schutzpatrons der Fischer (Foto)

Johannistag: Feste, Feuer, Feuerwerk, am lebendigsten in Bastia

JULI/AUGUST

Notte di a Memoria (Bastia): Historienspektakel

Festivoce (Pigna und andere Orte der Balagne, *voce.corsica/voce/festivoce:* Festival der Volksmusik

Les Nuits de la Guitare (Patrimonio), *festival-guitare-patrimonio.com:* Jazz, Klassik, Rock und Sintiklänge

Calvi on the Rocks, *calviontherocks.com:* Electro-Beats am Strand

Fiera di l'Alivu (Montegrosso, s. S. 56): Olivenfest

Porto Latino Festival (St-Florent), *portolatino.fr:* Latino-Combos und Salsa

Stadtfest (Ajaccio) zu Napoleons Geburtstag am 14./15. Aug.

SEPTEMBER/OKTOBER

A Santa di u Niolu (Casamaccioli): Volksfest zu Mariä Geburt

Tour de Corse Historique, *tourdecorse-historique.fr:* Oldtimer-Variante der französischen Rallye-Meisterschaft

NOVEMBER/DEZEMBER

A Festa di a Nazione (inselweit): Korsikas „National"-Fest am 8. Dez.

Fiera di a Castagna (Bocognano), *fieradiacastagna.com:* größter Regionalmarkt

Weihnachtsmärkte u. a. in Bastia

GRÜN & FAIR REISEN

Du willst beim Reisen deine CO_2-Bilanz im Hinterkopf behalten? Dann kannst du deine Emissionen kompensieren *(atmosfair.de; my climate.org)*, deine Route umweltgerecht planen *(routerank.com)* oder auf Natur und Kultur *(gate-tourismus.de)* achten. Mehr über ökologischen Tourismus erfährst du hier: *oete.de* (europaweit); *ger manwatch.org* (weltweit).

und WLAN. Online gibts alles auf *visit-corsica.com*. Gut ist auch die private Website *paradisu.de*. Infos zu Wanderungen und Wanderherbergen gibt es beim *Parc Naturel Régional de la Corse (parc-corse.org)*. Dort bekommst du gegen Gebühr auch Karten und Führer wie die perfekt ausgearbeiteten „Topo Guides". Wo was los ist, verrät der Online-Eventkalender auf *isula. corsica/culture*.

EINTRITTSPREISE

Der Eintritt für öffentliche Museen ist auf regionaler Ebene festgelegt und betrug bei Redaktionsschluss 4 Euro (3 Euro für Senioren ab 65 Jahren und Kinder und Jugendliche von zehn bis 25 Jahren sowie für Familien pro Person). Private Sehenswürdigkeiten wie Filitosa kosten um die 10 Euro, es gibt aber Kinder- und Familienrabatte. Ein halber Tag im Kletterpark kostet um die 25 Euro (auf Kinder- und Familienrabatte achten)! Bootsausflüge starten ab 45 Euro, ein Seekajak kannst du ab 35 Euro für drei Stunden leihen.

FEIERTAGE

1. Jan.	Neujahr *(Jour de l'An)*
März/April	Ostermontag *(Lundi de Pâques)*
1. Mai	Tag der Arbeit *(Fête du Travail)*
8. Mai	Kriegsende 1945 *(Victoire des Alliés en 1945)*
Mai/Juni	Himmelfahrt *(Ascension)*
Mai/Juni	Pfingstmontag *(Lundi de Pentecôte)*
14. Juli	Nationalfeiertag *(Fête Nationale)*
15. Aug.	Mariä Himmelfahrt *(Assomption)*
1. Nov.	Allerheiligen *(Toussaint)*
11. Nov.	Kriegsende 1918 *(Armistice 1918)*
25. Dez.	Weihnachten *(Noël)*

FKK

An der Ostküste bei Linguizetta säumen die beiden größten FKK-Clubs den 9 km langen Sandstrand: *Corsica Natura (corsica-natura.com)* und *Club Corsicana (club-corsicana.de)*. Bekannt und beliebt als Feriendörfer der *naturistes* sind auch *Bagheera (bagheera. fr)*, *Riva Bella (naturisme-rivabella. com)* in Aléria und *La Chiappa (chiap pa.com)* in Porto-Vecchio.

FOTOGRAFIEREN

Absolut tabu sind Fotos von Polizei und Militär und deren Gebäuden und Anlagen. Achtung bei Selfies vor berühmten Bauten: Da in Frankreich keine Panoramafreiheit gilt, vor allem vor dem kommerziellen Veröffentlichen auf Facebook, Instagram & Co. Rechte abklären!

GELD & KREDITKARTEN

Geldautomaten gibt es nur in größeren Orten. Korsen zahlen aber ohnehin fast alles mit EC- oder Kreditkarte; einzig bei Privatvermietern, kleineren Hotels oder bei sehr kleinen Beträgen gilt manchmal noch die Devise „Nur Barzahlung".

ÖFFNUNGSZEITEN

Montags und mittags sind viele Geschäfte geschlossen, einige Supermärkte und viele Bäckereien haben dafür auch sonntagvormittags geöffnet. Der Rest wird recht flexibel gehandhabt – starre Öffnungszeiten gibt es auf Korsika nicht, als Faustregel gilt 9–12 und 15–19 Uhr. Kleinere, familiär geführte Lokale haben meist einen Ruhetag in der Woche, größere an belebten Touristenorten während der Saison nicht.

WAS KOSTET WIE VIEL?

Kaffee	3–3,50 Euro *für einen café au lait*
Snack	4 Euro *für den Käsepfannkuchen migliacciola*
Wein	4–7 Euro *für ein Glas*
Souvenir	um 5 Euro *für eine Packung canistrelli-Kekse*
E-Bike	40–60 Euro *für die Miete pro Tag*
Ausflug	45 Euro *für die Bootsfahrt Porto-Scandola*

TELEFON & HANDY

Die Vorwahl nach Frankreich ist 0033, dann die neun Ziffern der Nummer ohne die Null am Anfang wählen. Vorwahl Deutschland 0049, Österreich 0043, Schweiz 0041, dann die Ortsvorwahl ohne die Null und die Rufnummer. Das Handynetz ist dicht; in entlegenen Gebirgstälern sind Funklöcher möglich. Kostenloses WLAN *(wifi gratuit)* gibt es in fast allen Hotels, Restaurants, Bars und Cafés sowie in vielen Geschäften und Einkaufszentren.

TRINKGELD

Trinkgeld gehört für die Korsen zum guten Ton – auch wenn die Restaurantrechnung *15% service compris* („Bedienung inbegriffen") ausweist. Man bezahlt zunächst die Rechnung, bekommt das Wechselgeld zurück und lässt erst dann fünf bis zehn Prozent des Betrags beim Verlassen des Lokals auf dem Tisch liegen. Auch Taxifahrer und der Zimmerservice freuen sich über ein *pourboire*.

UNTERKUNFT

Über 250 *Hotels* gibt es auf der Insel, die meisten davon mit nur wenigen Zimmern – und viele sind nicht online buchbar. Deshalb gilt noch für viele Unterkünfte: anrufen, E-Mails schreiben und hoffen, dass jemand antwortet ... Genauso persönlich wie das Buchen ist dann oft auch das Hotelerlebnis vor Ort. Wichtig beim Preisvergleich: Ist das Frühstück *(petit-déjeuner)* bereits inklusive oder wird es erst vor Ort bezahlt (12–25 Euro pro Person)? Von Oktober bis April sind praktisch alle Strandhotels und -anlagen geschlossen.

Der frankreichweite Verband *Gîtes de France (gites-corsica.com)* vermietet *Ferienwohnungen und Landhäuser* für Selbstversorger – von einfach bis Luxus mit Pool. Außerdem gibt es dort *Bed-and-Breakfast-Unterkünfte*. Diese Gästezimmer *(chambres d'hôtes)* für 50–90 Euro pro Nacht inklusive Frühstück sind ideal, wenn du Land und Leute kennenlernen willst –

INSIDER-TIPP
Gesellige Tafelrunde

abends kannst du beim *table d'hôte* typisch korsische Gastfreundschaft erleben: Alle Gäste genießen gemeinsam die lokalen Köstlichkeiten, die die Gastgeber servieren. Wo du bei Rinder- und Schweinezüchtern, Käsehöfen, Olivenbauern und anderen regionalen Erzeugern Urlaub auf dem Bauernhof *(à la ferme)* machen kannst, verrät das Portal *bienvenue-a-la-ferme.com*.

Ein Zelt kannst du auf knapp 200 Plätzen aufschlagen – wild campen ist tabu! Wer kein Zelt, keinen Wohnwagen oder Wohnmobil hat, kann wochenweise kleine Bungalows *(chalets)*, Mobilheime oder *roulottes* (Planwagen) mieten. Viele Plätze vor allem an der Ostküste verfügen auch über Poollandschaften und jede Menge Animations- und Wellnessangebote. Campingplatzsuche: *campingfrance.com, campingincorsica.info*, private Wohnmobilstellplätze: *homecamper.de*

Die *Schutzhütten* entlang des GR 20 stehen auch Tageswanderern offen, wenn sie denn mit dem Auto erreichbar sind. Sie müssen immer auf *pnr-resa.corsica* online vorgebucht werden!

ZOLL

EU-Bürger können Waren des persönlichen Bedarfs innerhalb der EU frei ein- und ausführen, Grenzen gibt es lediglich bei Genussmitteln, etwa bei Zigaretten (800 Stück) und Spirituosen (10 l). Bei der Einfuhr aus der EU in die Schweiz sind bis zu einem Gesamtwert von 300 Franken 5 l Getränke mit einem Alkoholgehalt bis 18 Prozent und 1 l mit einem höheren Alkoholgehalt sowie 250 Zigaretten zollfrei. *zoll.de, bazg.admin.ch*

NOTFÄLLE

DIPLOMATISCHE VERTRETUNGEN

– Deutsches Generalkonsulat Marseille: Tel. 06 15 09 41 03 | short.travel/ksk24

– Österreichisches Honorarkonsulat Ajaccio: Tel. 06 21 62 10 79 | bmeia.gv.at

– Schweizer Honorarkonsulat Ajaccio: Tel. 06 77 10 44 72 | eda.admin.ch

GESUNDHEIT

Apotheken *(pharmacie)* sind in Frankreich mit einem grünen Kreuz gekennzeichnet. Notdienst-Apotheken *(pharmacie de garde)* sind auf *corse.ars.sante.fr/les-pharmacies-de-garde-0* zu finden. Notarzt und Krankenwagen vermittelt der *SAMU (Service d'Aide Médicale d'Urgence): Tel. 15*. Wenn du einen Arzt suchst, frag in der Apotheke oder schau auf der Website *annuairesante.ameli.fr*. Sollte es Probleme bei der Anerkennung der Europäischen Versicherungskarte geben, reich die Belege bei der heimischen Kasse zur Erstattung ein.

NOTRUF

Euronotruf: *1 12* (auch englischsprachig)
Seenotrettung: *Tel. 1 96*

WICHTIGE HINWEISE

KRIMINALITÄT

Korsika ist ein sicheres Reiseziel. Dabei hat Korsika die höchste Mordrate Europas – doch darüber spricht man nicht, sagen die Korsen, und regeln alte Rechnungen unter sich. Aufpassen musst du nur vor Langfingern und Diebesbanden. Lass nichts im Auto sichtbar liegen – schon gar nicht an Strandparkplätzen – und das Handschuhfach geöffnet. Im Hotel gibt es fast immer Tresore für Wertsachen.

NATURGEFAHREN

Am Meer können ablandige Winde gefährlich werden. Flüsse schwellen bei Regen schnell an – wie hoch, verraten die Brückenbögen. In die Macchia solltest du dich nur mit viel Trinkwasser und guter Landkarte aufmachen. Im Gebirge kann dich im Hochsommer die Kälte überraschen. Kehr bei Nebel oder Gewitter sofort um!
Achtlos weggeworfene Zigarettenkippen und zerbrochene Flaschen lassen jedes Jahr riesige Waldbrände entstehen. Feuermachen und Rauchen im Wald sind im Sommer tabu. Bei extremer Trockenheit sind besonders gefährdete Gebirgsmassive gesperrt. Forstbeamte patrouillieren!

WETTER IN BASTIA

Hauptsaison
Nebensaison

	JAN.	FEB.	MÄRZ	APRIL	MAI	JUNI	JULI	AUG.	SEPT.	OKT.	NOV.	DEZ.
Tagestemperaturen	13°	14°	15°	18°	21°	26°	29°	29°	26°	21°	17°	14°
Nachttemperaturen	4°	4°	6°	8°	11°	14°	17°	17°	15°	12°	8°	5°
Sonnenschein Stunden/Tag	5	5	6	7	9	10	12	10	8	6	5	4
Niederschlag Tage/Monat	7	6	7	6	6	3	0	1	4	7	8	8
Wassertemperatur in °C	13	13	13	14	16	20	23	24	22	20	17	15

Sonnenschein Stunden/Tag Niederschlag Tage/Monat Wassertemperatur in °C

SPICKZETTEL FRANZÖSISCH

SMALLTALK

ja/nein/vielleicht	oui/non/peut-être	ui/nong/pöhtätr
bitte	s'il vous plaît	ßil wu plä
danke	merci	märßih
Gute(n) Morgen!/Tag!/ Abend!/Nacht!	Bonjour!/Bonjour!/ Bonsoir!/Bonne nuit!	bongschuhr/ bongschuhr/bongßoar/ bonn nüi
Hallo!/Tschüss!/Auf Wiedersehen!	Salut!/Salut!/Au revoir!	ßalü/ßalü/o rövoar
Ich heiße …	Je m'appelle …	schö mapäll …
Ich komme aus …	Je suis de …	schö süi dö …
Entschuldigung!	Pardon!	pardong
Wie bitte?	Comment?	kommang
Das gefällt mir (nicht).	Ça (ne) me plaît (pas).	ßa (nö) mö plä (pa)
Ich möchte …	Je voudrais …	schö wudrä
Haben Sie?	Avez-vous?	aweh wu

ZEIGEBILDER

ESSEN & TRINKEN

Die Speisekarte, bitte.	La carte, s'il vous plaît.	la kart ßil wu plä
Könnte ich bitte … haben?	Puis-je avoir … s'il vous plaît?	püischö awoar … ßil wu plä
Flasche/Karaffe/Glas	bouteille/carafe/verre	buteij/karaf/wär
Messer/Gabel/Löffel	couteau/fourchette/cuillère	kutoh/furschät/küijär
Salz/Pfeffer/Zucker	sel/poivre/sucre	ßäl/poawr/ßükr
Essig/Öl	vinaigre/huile	winägr/üil
Milch/Sahne/Zitrone	lait/crème/citron	lä/kräm/ßitrong
mit/ohne Eis/Kohlensäure	avec/sans glaçons/gaz	awäk/ßang glaßong/gaß
Vegetarier(in)	végétarien(ne)	weschetarijäng/weschetarijänn
Ich möchte zahlen, bitte.	Je voudrais payer, s'il vous plaît.	schö wudrä pejeh ßil wu plä

NÜTZLICHES

Wo ist …?/Wo sind …?	Où est …?/Où sont …?	u ä …/u ßong …
Wie viel Uhr ist es?	Quelle heure est-il?	käl ör ät il
heute/morgen/gestern	aujourd'hui/demain/hier	oschurdüi/dömäng/jähr
Wie viel kostet …?	Combien coûte …?	kombjäng kuht …
Wo finde ich einen Internetzugang/WLAN?	Où puis-je trouver un accès à internet/wi-fi?	u püische truweh äng akßä a internet/wifi
Hilfe!/Achtung!	Au secours!/Attention!	o ßökuhr/attangßjong
Fieber/Schmerzen	fièvre/douleurs	fiäwrö/dulör
Apotheke/Drogerie	pharmacie/droguerie	farmaßi/drogöri
offen/geschlossen	ouvert/fermé	uwär/färmeh
gut/schlecht	bon/mauvais	bong/mowä
links/rechts/geradeaus	à gauche/à droite/tout droit	a gohsch/a droat/tu droa
Panne/Werkstatt	panne/garage	pann/garahsch
Fahrplan/Fahrschein	horaire/billet	orär/bije
0/1/2/3/4/5/6/7/8/9/10/100/1000	zéro/un, une/deux/trois/quatre/cinq/six/sept/huit/neuf/dix/cent/mille	sero/äng, ühn/döh/troa/katr/ßänk/ßiß/ßät/üit/nöf/diß/ßang/mil

URLAUBS FEELING

ZUM EINSTIMMEN & AUSKLINGEN

LESESTOFF & FILMFUTTER

DER KOPF DES KORSEN

Weil der Pate von Paris ein Kopfgeld auf sie ausgesetzt hat, werden Andreotti und Lefevre versetzt. Auf Korsika sollen die beiden Ermittler eine Blutrache aufklären – und geraten ins Kreuzfeuer zweiter verfeindeter Clans: Was für ein Vendetta-Krimi! (2015)

FREMDE TOCHTER

Beim Urlaub auf Korsika stürzt eine Familie von der Küstenstraße in die Tiefe. Nur die 15-jährige Clothilde überlebt. Als sie 27 Jahre später zurückkehrt, öffnet ein Brief ihrer toten Mutter alte Wunden. War es kein Unfall? (2017)

DAS HAUS AUF KORSIKA

Der Tod ihrer Großmutter reißt Christina aus ihrem freudlosen Leben im belgischen Charleroi: Sie erbt ein Haus auf Korsika. Die junge Frau erkennt ihre Chance und bricht auf in eine ungewisse Zukunft. Preisgekrönt! (2011)

WILLKOMMEN BEI DEN KORSEN

Privatdetektiv Rémi François soll den flüchtigen Banditen Ange Leoni ausfindig machen. Doch auch korsische Mafia und französische Flics sind dem Erben auf der Spur … Lachmuskeltraining! (2004)

PLAYLIST QUERBEET

0:58

I MUVRINI – LUCIOLE
Dudelsack & Gitarre, Percussion & Polyphonie – Paghjella meets Pop bei Korsikas Folkkönigen

CHJAMI AGHJALESI – CATENA
Traditionelle korsische Klänge und Themen von heute: Erfolgsrezept der Musiker aus Bastia

BELI BLANCO – JAMAIS MORT
Hier ist der Beweis: Korsika kann auch Rap!

ALIZÉE – MOI … LOLITA
Mit dieser Debütsingle stürmte die Korsin 2000 die Charts; bis 2017 folgten sechs Studioalben

MIREILLE MATHIEU – KORSIKA
Korsika, wo die Freiheit wohnt: So schwärmte der Schlagerstar 1972 von der Insel

PATRICK BRUEL – CORSU MEZU MEZU
Hommage an die Lieblingsinsel: 15 Chansons, von Korsika inspiriert

Den Soundtrack zum Urlaub gibt's auf **Spotify** unter **MARCO POLO France**

Oder Code mit Spotify-App scannen

AB INS NETZ

KORSIKA-FORUM.INFO
Umfangreiches und diskussionsfreudiges Forum mit zahlreichen Insiderinfos.

PARADISU
Auf der größten Korsika-Website im Netz erzählt der Schweizer Martin Lendi von seinen unzähligen Urlauben auf der Insel. Rieige Infoquelle und tolle Fotos!

@LACORSEAUTREMENT
Posts und Storys (auf Frenzösisch) des gut gemachten Korsika-Blogs.

MEINFRANKREICH.COM
Seit 2010 bloggt die Hamburger Journalistin und Wahlfranzösin Hilke Maunder über ihre Herzensheimat – und hält auf vielen Seiten noch mehr Insidertipps, Infos und Impressionen über Korsika bereit.

UTALK
Ein paar Brocken in der Landessprache können gerade im Inselinneren hilfreich sein. Und Spaß bringt diese spielerisch aufgebaute App ungemein! Wähl deine Lernstufe von leicht bis schwer und leg los!

TRAVEL PURSUIT

DAS MARCO POLO URLAUBSQUIZ

Weißt du, wie Korsika tickt? Teste hier dein Wissen über die kleinen Geheimnisse und Eigenheiten von Land und Leuten. Die Lösungen findest du in der Fußzeile. Und ganz ausführlich auf den S. 18–23.

❶ Was führten die Korsen ein – und wurden damit Vorbild für die Vereinigten Staaten?
a) Frauenwahlrecht
b) Demokratische Verfassung
c) Unabhängige Gerichte

❷ Was wird „Vendetta" genannt?
a) Schirmmütze der Ziegenhirten
b) Der von Maden zersetzte Käse *casgiu merzu*
c) Traditionelle Blutrache

❸ Der korsische Paghjella-Gesang gehört seit 2009 zum Welterbe. Was macht ihn so besonders?
a) Polyfonie
b) Glockenläuten
c) Dudelsack

❹ Wer war André Spada?
a) Korsischer ESC-Gewinner
b) Ehrenbandit
c) Separatistenführer

❺ Welcher korsische Käse hat angeblich solche Ausdünstungen, dass er im Comic „Asterix bei den Korsen" für eine Explosion sorgt?
a) *casgiu merzu*
b) *brocciu*
c) Sartène

❻ Welche Früchte kannst du im Winter beim Spaziergang durch die Macchia naschen?
a) Pfirsiche
b) Baumerdbeeren
c) Kirschen

Lösungen: 1b, 2c, 3a, 4b, 5a, 6b, 7b, 8b, 9c, 10a, 11b, 12c, 13b

Auf Korsika musst du dich nicht bücken, um „Erdbeeren" zu ernten

❼ Wer wird Korsikas „General der Nation" genannt?

a) Napoleon
b) Pasquale Paoli
c) Sampiero Corso

❽ Woher hat die Macchia ihren Namen bekommen?

a) Napoleon
b) Zistrose
c) Griechen

❾ Wer stellte bearbeitete Riesensteine in die Landschaft, die man heute noch besichtigen kann?

a) Genueser
b) Pisaner
c) Megalithiker

❿ Welchen Beinamen trägt Korsika stolz?

a) Insel der Schönheit
b) Insel der Freiheit
c) Insel der Berge

⓫ Wo wollte Napoleon beigesetzt werden, hätte er nicht einen würdigen Platz im Invalidendom in Paris bekommen?

a) Inmitten der Bergwelt Korsikas, umgeben von Macchia
b) In Ajaccio, seiner Geburtsstadt
c) Auf St. Helena an seinem Lieblingsstrand

⓬ Wer gilt als die schönste Repräsentantin Korsikas?

a) Colomba Bartoli
b) Marianne
c) Laetitia Casta

⓭ Welcher Wind bringt Kälte auf die Insel?

a) *tramuntana*
b) *maestrale*
c) *grecale*

REGISTER